「呪い返し」の戦い方

あなたの身を護る予防法と対処法

大川隆法
Ryuho Okawa

まえがき

面白いフィクションとして読む方もあるだろう。

「『平安時代』の源氏物語の世界みたい。」と思う方もいるだろう。

しかし、本書で述べられていることは、あくまで、実話、実体験に基づく、大真面目な実戦論である。

私から見れば、九十九%の人たちは、プールの中で潜りながら泳いでいるようで、プール外のことが全くわかっていないのである。

このたとえでは、プールの中がこの世（現象界）で、プールの外が、あの世（霊界）である。しかし、困ったことに、各人には魂が宿っているので、プール外の人々の行動がうっすらと観えてしまうのである。

「呪い」を受け続けていては、幸福は壊れてしまうし、薬を飲んでも健康になれない。まずは、考え方の基本をキッチリと学ぶことである。

二〇二〇年　六月十九日

幸福の科学グループ創始者兼総裁　大川隆法

「呪い返し」の戦い方　目次

二〇二〇年六月十日
幸福の科学　特別説法堂にて

第2章　質疑応答

第1章

「呪(のろ)い返し」の戦い方

二〇二〇年六月九日　説法(せっぽう)

幸福の科学 特別説法堂にて

1　病気や事故と「呪い」の関係

エクソシストは「悪魔祓い」「悪霊祓い」のプロ

今日は「呪い」や「呪い返し」の話をしようと思っています。

劇場では映画「心霊喫茶『エクストラ』の秘密―The Real Exorcist―」（製作総指揮・原作　大川隆法）が（全国週末興行成績で）四週連続一位になり（収録時点。六月十六日時点では五週連続一位）、セカンドランが始まろうとしているところなので、まだ余波は残っていると思います。

エクソシストとは「お祓い」をする人のことです。漢字の読み方としては難しいのですが、「降魔師」とか「祓魔師」とかいわれることもあります。

特に日本神道で「祓う」とよくいいますが、「悪魔祓い」あるいは「悪霊祓い」をすることがあります。

これには、そういうプロにやってもらわないと、どうしようもない場合もあるのです。相手が強力な場合には、「個人では無理」というものがあって、そういうプロフェッショナルも成り立ってはいるのです。

ただ、現代になってくるにつれて、信仰心が薄れてきたのと同時に、霊やあの世を信じる人も少なくなったので、そういうことを意識していない人が増えてはきています。そして、違った対策になっていることも多いのです。

病気や体調に関しては、精神的な要素が強い

本来は「人対人」の恨みや呪いなどを受けて身体に変調を起こしているのに、そういうことも信じなくなっているため、病院へ行くことになる場合も多いと思

います。

病院へ行くと何らかの治療をされていくわけですが、体力が回復したら、ある程度、「念返し」ができる場合もあって、病院でいろいろな治療をするのです。

私も何度か医者の意見を聞いたことはあるのですが、たいていの病気について、「原因が分からない」と言います。死んだ場合には、何で死んだか、死因が分かることは多いのですが、「なぜそれが起きたかは分からない」と言うことが多いのです。

ですから、遺伝や、遺伝性のものか、食べ物によるか、食生活等の生活習慣か、だいたい、このくらいで説明はするのですが、どうしても説明がつかない場合には、ギブアップして、「分かりません」と言う場合もあります。

実際に宗教家として仕事をしてみると、「そうとう精神的な要素が強い」ということが分かります。自分自身の体調に関してもそうですが、他の人のいろいろな病気や体調を見ても、そうとう精神性の要素も強いのです。

もちろん、この世的な物理現象等もあって、それで悪くなることもあります。食べ物が偏(かたよ)っているために病気になることもあれば、事故に遭(あ)って悪くなることもあるのです。

また、事故ではなく、「夜道を歩いて人に襲(おそ)われる」とか、「強盗(ごうとう)に入られる」とか、「殺人を狙(ねら)われる」とか、そういうことまであるので、いろいろなものが背景にはありますが、体を壊(こわ)すにはそれだけの理由があり、複雑なのです。

自動車事故等には、単なる物理現象ではない場合も多い

病気、あるいは死に至る病(やまい)、あるいは即死(そくし)なども、精神と肉体の両方に関係のある場合があると思います。

例えば、自動車事故が起きれば、「これは物理的なものだ」というように思い

がちではあるのですが、それだけとは言えないこともあります。

たいてい、一瞬の気の緩みなど、数秒のことで事故は起きてしまいます。そのときに意識がしっかりしていれば、そうならなかったのに、「居眠り運転をした」とか、「酒を飲んでしまった」とか、「頭のなかでグルグルといろいろなことを妄想していて、目の前の車に気がつかなかった」とか、そういうことがあります。

それから、「相手のほうが、なぜか知らないけれども、車線を越えて突っ込んできた」とか、「追い越そうとして失敗した」とか、「カーブでハンドルを切り損ねた」とか、そういうこともあります。

そのように、いろいろなことがあるので、わざわざ、そういうときに限って失敗するような場合には、単に物理現象ではない場合も多いのです。

「逢魔時」ではないけれども、〝魔に逢ったとき〟なのかもしれません。そういうことがあると思います。一日中、人の思いや考え方を支配するのは、それほど簡単なことではないのですが、支配できる場合があるのです。

その人の体調が悪いときや、いろいろと悩んでいるとき、ダメージを受けて精神的な力が落ちているときなどでしたら、死霊、死んだ者の霊、あるいは生きている人で、その人に対して悪意を持っていたり、「不幸になれ」という呪いの思いを持っていたりするような人の生霊が、かかりやすいときもあります。

しかし、毎日のように繰り返して来始めたら、もうこれは怨霊の類となっています。

普通は、そこまで行く前に、〝前哨戦〟として、ときどき変なことが起きたり、体調が悪くなったり、夢見が悪かったりします。あるいは、「ある人があなたのことを悪く言っている」とか、「こんなことを言っている」とか、そういうのが聞こえてきたり、それが人の話として上がってきたりすることもあります。

「自己本位」の人生観に欠落しているもの

たいていの人は、あの世を信じなくなってきていますし、「霊的なものや念が相手に影響を及ぼす」ということを考えなくなっているので、分からないのです。唯物論の考えにも、どちらかというと、けっこう、「自分中心」というか、「自己本位」になってきやすいところもあります。それも一つ考えなくてはいけないポイントなのです。

「この世限りの命で、体が動く間だけの自分」ということであり、「わずか数十年の人生、三万日ぐらいの人生」だったら、いい面で捉えれば、「このなかで、実りの多い人生を生きたい」という気持ちになります。

そういう言い方もありますが、言い方を悪くすれば、「人にうらやまれて、自分だけホイホイ大喜びの人生を生きたい」ということです。エゴイスティックに言えば、そのようなことにもなります。

「どうせ三万日ぐらいで死んでしまうのだから、その間、できるだけ面白おかしく、人にうらやまれるようなことをやりまくり、そして死ねたら、本望だ」という人もいるだろうと思うのです。

そういう人生観もあり、人々は、ややそちらに傾いてはいると思いますが、それでは、霊的な側面や、「人の思いをどう感じるか」の側面については、視点が欠落していることが多いので、「昔の人だったら分かったことが、今の人には分からない」ということも起きています。

強く繰り返し発信されていると、念いが物質化してくる

逆に、「呪い」という面から見ると、呪いを受けやすいようなことを、やたらとしたがる傾向は、現代には多いのではないかと思うのです。

この世の「人が欲しがるもの」を、ほかの人が見たら、どのようなものであっても、まずは嫉妬から始まりますけれども、嫉妬や恨み、さらに、「相手を不幸にしてやりたい」という考えがだんだん強まってくると、大まかに言えば、それは「呪い」ということになります。

昔なら、「呪いの藁人形」など、呪いの方法がいろいろあったので、そういうこともあったと思いますが、今は、そんなものが効くとは思っていないので、それを感じないことはあると思うのです。

ただ、現実には、念が物質化することはあります。自分の念いも物質化しますが、他の人の念いも、強く繰り返し発信されていると、物質化してくることはあるのです。

私が見ると、病気の七割程度は霊障であり、死んだ人の霊として、悪霊とか悪霊とかいわれているものが来ていたり、小悪魔、あるいは、もっと大きな悪魔が憑いて起こしたりしている場合です。そうでない場合には、生きている人間で、自分が人生の途上で会った人に恨まれているようなことが病念をつくり出し、それが体に現れてくるケースも実に多いわけです。

これは個別に見れば分かることなのですが、大勢の人にとっては、言われてもなかなか分からないことが多いのです。

「誰かの恨みを買っていないか」を振り返ることも必要

「実際にどのようなことがあるか」ということですが、体の不調はよくあることであり、体質的に霊的に敏感な人とそうでない人がいるので、やや感度の違いはあるだろうと思います。

よく何らかの霊体験をする人や、霊夢をよく見る人でしたら、だいたい影響を受けやすいタイプだと思われます。

生霊というと、やや古く感じるかもしれず、千年前ぐらいのもののように感じるかもしれませんが、今までと調子が違ってきて、「何かおかしいな」と感じ始めたら、「誰かの恨みを買っていないか」とか、「悪意を持たれていないか」とか、「嫉妬をされていないか」とか、そういうこともいちおう振り返る必要はあると思います。

人は自分自身のことに夢中になっているので、ほかの人がそれをどう感じているか、あまり気にしていないことのほうが多いのです。

デリケートで、ちょっとしたことでも周りの顔色を見るような人だと分かりやすいかもしれませんが、けっこう、自己実現型の人でも、周りの人の感じ方に気がついていない人は多いのです。

自分自身は意外に劣等感を持っていたり、「まだ達成していない」という思いが強かったりするため、「もっともっとやらなくては駄目」とか、「もっともっと目立たなくてはいけない。もっともっと人から崇（あが）められなくてはいけない」とか、「ほかの人、ライバルに嫉妬されるぐらいのところまで行かなければならない」とか思ってしまい、もう一段、過激になっていくところがあるのです。

それでも、身分制社会なら、「身分が違うから」ということで諦（あきら）めがつくこともあると思うのですが、民主主義社会では、万人（ばんにん）がチャンスを与（あた）えられて、偉（えら）くなることも、お金持ちになることも、有名になることも、可能性としてはあります。

ただ、「可能性がある」ということは、「可能性があったのに、その道から外れた人も多い」ということです。あるいは、「そういう人が多くなる」ということでもあります。これが民主主義社会の怖（こわ）さです。

相手の感じ方が分からないと、反作用が起きる場合もある

学校時代だったら、「成績がいい」ということは、大勢の人から尊敬されることでもありますが、同時に、嫉妬されることでもあります。ただ、秀才でも、「嫉妬されないタイプ」と「嫉妬されやすいタイプ」の両方があるので、このへんは、人としての生き方はあると思うのです。

特に、言葉を介して他の人を傷つけるようなことはあります。

本当にバカな人から、「おまえもバカだな」と言われても、「このバカが何を言っているか」と思うだけのこともあるのですが、周りから尊敬されたり、あるいは、一部、崇拝されたりしているような秀才が、冗談のつもりで、「おまえはバカだからなあ」というようなことを、大勢の人の前で言ったりしたら、言われたほうはグサーッときて、それがなかなか抜けないことがあります。

そのため、それを言った人は、「何かのときに、こいつを見返してやる」とか、「こいつ、事故でも起こさないかな」とか、「悪い成績を取って、屋上から飛び降りないかな」とか思われることがあるわけです。

ただ、相手を不幸にしようと思う念いの強さは、必ずしも学校の成績と比例するわけではありません。相手が優等生であろうが、劣等生であろうが、平均の人であろうが、個人差はあるのです。

たまたま、悪い人に恨まれた場合には、何らかのことが起きる可能性はあると思うので、その意味では恐るべしだと思います。その人の外見や経歴だけで判断してはいけないので、どういう人かをよく見て、付き合い方を考えなくてはいけないと思います。

特に、口が立つタイプの人は、瞬間的に反応して、いろいろな言葉を切り返します。それは漫才などではいいかもしれませんし、人気者のなかにも、そういう人は多いのです。

ただ、「笑って済ませてくれる人」と「済ませてくれない人」がいることはいるので、相手の感じ方が分からないと、自分としては罪を犯しているつもりはなくても、やはり反作用が起きる場合もあるわけです。

2　女性が相手を恨む場合の特徴

女性の恨みは、男よりも先に女のほうに行く

女性だってそうです。

例えば、「女性の写真を、広告のキャッチーな写真に使いたい」という話をしているときに、ある女性が、「それほど自分は美しくはないので、使われることはない」とは思っているけれども、試しに「はーい」と手を挙げてみたとします。

そうしたら、ある男性から、大勢の人の前で、「おまえなんか千年早いよ」という感じで言われ、さらに、その理由までつけられたりすると、やはり心のなかでくすぶります。選ばれたのは、もう少しきれいな人かもしれませんが、くすぶ

ってくるのです。

それが男のほうに行くか、女のほうに行くかということについて、女性の恨みは、男に行く場合もありますが、男よりも先に女のほうに行くことが基本的には多いのです。ですから、そういうことを言った男を恨むのが筋なのですが、「その男が応援したり、推薦したり、ほめたりした女のほうに恨みが行く場合」が率的には高いのです。

そのため、選ばれて、例えばポスターになったり、CMに出たりした女性は、全然身に覚えのないことで恨まれたりすることもあるわけです。

目立って、人の尊敬を得たり、評判を得たりするのは、いいことのようには思うのですが、逆に、思わぬ人から足をすくわれたり、悪想念を送られたりすることもあります。これは気をつけなくてはいけません。

「殴ろうとした犬に噛みつかれる」ということだけなら、原因・結果はよく分かるのですが、それほど簡単ではない因果関係がよくあるのです。

恨まれると、毛が抜けて「円形脱毛症」になることもある

これは私の経験したことでもありますが、例えば、「相手が美しい」とか、「目立っている」とか、「人気がある」とかいう場合、「それが落ちるには、どうすればよいか」ということは、考えてみれば分かると思うのです。

基本的には、「四谷怪談」、お岩さんの物語は普遍的でよく知られていると思いますが、「醜くなれば、男の愛は去る」というのは原則です。ですから、まずは醜くなることを願うわけです。特に、江戸時代のような感じで殺したりすれば、相手の恨みは、もっとすごいものになると思います。

現代は、殺されるところまで行かないかもしれませんが、「振られた」とか「捨てられた」とかいう思いが一点に集中してくると、どうなるでしょうか。

呪い（のろ）の映画には、「貞子（さだこ）」だとか、「伽椰子（かやこ）」だとか、いろいろ出てきますけれども、あれは、映画として典型的なかたちで描（えが）いてはくれていています。思いの世界は映像になかなかならないため、現実のようにしてくれているわけです。ただ、そうしなくても、霊界（れいかい）では、あのようなかたちになっていることは、けっこうあります。そうすると、どうなるかということですが、身体に不調が現れます。

例えば、女性を醜く見せるものとして、まずは、「毛が抜（ぬ）ける。禿（は）げをつくる。円形脱毛症（だつもうしょう）にする」ということがあります。これに対しては、私も祈願（きがん）（『円形脱毛症回復祈願』――エドガー・ケイシー特別霊指導――」）をつくったことがあるので、そのいきさつを聞いている人も一部いると思いますが、「毛が抜けてきて〝銭禿（ぜには）げ〟のようになってくる」というのは、若い女性にとってはけっこうきつい話でしょう。

毛生（けは）え薬とか、刺激（しげき）するとか、いろいろと手はあるものの、本当に毛が抜けるのです。他の女性から恨まれ、恨みの念などが来ていると、物理的に毛が抜けることがあるわけです。

もっとも、恨んでいる本人は、そう思っていない可能性もあるのですが、その魂の一部が分霊となって吸いつき、固着して攻めていると、毛が抜けてきて円形脱毛症ができることがあります。

これは、医者が聞いたら、びっくりするかもしれません。唯物論的に考えると理解不能なことなので、「そんなに超能力者ばかり、たくさんいるのですか」と言って、びっくりすると思いますが、現実にあったことです。

そこで、私は円形脱毛症を治す祈願をつくって経文を書いたのですが、本人が読んでいたら、一カ月ぐらいの間に、みるみる毛が生えてき始めました。スマホで撮っておきましたが、元よりも強い剛毛のようなものがたくさん生えてきて、美容師に、「すごいですね。すごい勢いで生えてきています」などと言われるようなことがあったのです。

そのように、念が付着すると、毛が抜けるぐらいのことはあるわけです。これは目に見えるかたちのものです。

来ている念が「女性の念か、男性の念か」で体の不調の場所が変わる

それ以外にも、体の機能不全はたくさんあります。例えば、肉体的な不調としては、まずは、「いつも肩が凝る」とか、「首が凝る」とかいうこともあれば、腕に不調が出たり、足に出たりすることもありますし、背中やお尻、指など、もうどこにでも出ます。そういうことが現実には起きるのです。

私などは、こうした仕事をしているので、普通の人よりもはっきりとすぐに分かってしまうのですが、経験的に見た感じでは、女性の念が来ている場合は、体の左側のほうに現象が出ることが多いです。左側に不調なものが多く出ます。そ

れは、左の首や肩から、もちろん頭もありますが、腕、指、脇、腰、足、足の指にまで出ることがあります。

また、男性の念が強く来れば、右側に出ることのほうがとても多く、そのように、あまりにもはっきりとしているのです。

では、どうすれば反応が出るかというと、「少し調子が悪いけれども、生き念が来ているかな。これは誰か来ているかなあ」と思ったら、『正心法語』(幸福の科学の根本経典)のCDをかけるのが基本です。

ただ、『正心法語』のCD以外でも、私がつくった楽曲のなかでは、非常に効き目の高いものもあるので、それをかけても、相手に〝当たっている曲〟だったら反応は出ますし、自分で『正心法語』を読んでも効きます。

あるいは、私の講演のDVDやCD等をかけても、反応はすぐに出てきます。早い場合は、もう、ほんの数秒で出ます。長い場合は少し潜伏する場合もありますが、次第に出てくることがあります。

このようなことを言うと、仕事柄、やや困るのですが、幸福の科学の内部の信者や職員の場合が意外に手強くて、『正心法語』をかけても効かないのです。というのは、自分も聴いているし読んでいるので、「『正心法語』では現れてこない」とか、「説法でもすぐに現れてこない」というようなことがあるからです。

これは意外に手強くて、見抜かないと分からないことがあるのですが、〝外部物件〟というか、外から来ている者の場合は、反応は早いです。また、修行がそれほど進んでいない者の場合も早いです。

3 陰陽師やブードゥー教に見る「霊力」「呪術」

平安時代に呪いから大臣や天皇を護っていた「陰陽師」

ただ、ある程度、勉強している者同士になると、これは昔の陰陽師でも、敵・味方になって戦っていたことがあるように、「プロ 対 プロ」になってくるので、そうとう手強くなります。宮中で、大臣や天皇などを護っていた陰陽師は、当時の国家公務員でした。陰陽寮というところがあって、そこで外からの呪い等から護っていたのです。

なぜなら、お世継ぎのような人がよく病気になったりしていたからです。あるいは、局が幾つかあるにもかかわらず、男の子が生まれなかったときに、特に、

「どこそこに男の子が生まれる」ということになったら、呪いがかかってくるようなことはよくありました。勢力関係が変わったりするからです。

そういうときに、防衛のために陰陽師が護りに入るのですが、相手も陰陽師を使う場合はありました。この場合は、「プロ 対 プロ」になるので、そうとう激しい死闘になります。

映画「心霊喫茶『エクストラ』の秘密― The Real Exorcist ―」（製作総指揮・原作 大川隆法、二〇二〇年五月公開）には、不成仏霊が出てきますし、最後は「悪魔との戦い」も出てきますが、向こうも生きている人間で、同じような能力者が出てきた場合、しかも、価値観が逆で、「向こうが護ろうとしているもの」と「こちらが護ろうとしているもの」とが利害相反する場合は、そうとう激しい〝霊能者バトル〟になります。

ですから、「できるだけよい陰陽師を使おう」と、当時も考えていたと思います。要するに、名高い人を護りにつけるわけです。

例えば、平安時代であれば、藤原道長などは、もう、この世を「望月の世」のように言っていますが、やはり狙われてはいたので、当時は、賀茂光栄や安倍晴明といった、最強と思われる陰陽師で周りを囲って防衛していました。今でしたら、PAC－3のような感じですが、「これは呪われている」と思ったら、その相手を突き止めるわけです。

テレビのドラマだったら、「式神」などを使ったりしていますが、〝偵察要員〟でしょう。私なども使える霊はたくさんいるので、そういった霊を送って、「これはどこから来ているか」という探索をさせれば、「発信元はどこそこです」ということは分かります。そのように、式神を使って呪いの発信元を突き止めるわけです。

この世的に相手の発信元をつかめば、いちおう、原因を探求します。そして、

「○○が原因で起きている」ということなら、この世的に解決できる場合もあります。

例えば、「職を失ったために恨んでいる」というのであれば、力があれば、別の職を斡旋してやることもできます。あるいは、「家族が病気をしてお金がない」というような問題があることもありますが、そうした、いろいろな悩みを持っている場合は、この世的に解決できることもあるわけです。

そのように、この世的な方法でも解決できるものは、かなりのところまであると思います。

非常に厳しいものだった「陰陽師同士の霊力戦」

ただ、「失われた名誉」のようなものを回復するのはそれほど簡単ではないし、そうした関白や摂政として偉くなる場合でも、ライバルは、そうとう蹴落とされたり、左遷されたりはしています。

今で言えば、テレビや映画のアイドルのようなものでも、非常に激しい競争をしています。オーディションを受けても、「五千人に一人」とか、「一万人に一人」というようなオーディションに勝った人が出てきて登用されますが、一回戦はそれでいけても、二回戦、三回戦、四回戦となっていくうちに、次々とまた、いろいろなライバルがたくさん出てきて、役の取り合いになります。やはり、これはプロ同士になるため、厳しいのです。

そのように、陰陽師同士の戦いもあったわけです。

例えば、宮中で仕えていない陰陽師、要するに、当時の国家公務員でない在野の陰陽師もあって、そのなかには有名な人もいました。蘆屋道満など、在野の陰陽師にも、そうとう力のある人はいたのです。

政治的に主流派に乗れずに在野になったか何かだったと思いますが、そういったことで不満を持っている者は、クーデターを起こしたがっているような人にとっては、使いやすい陰陽師になります。そのため、そうしたパトロンがついた場合等は、仕事をし始めたりすることがありました。そうなると、「陰陽師同士の霊力戦」が発生したわけです。

どのくらいのことができたかというと、相手を呪って病気を起こすぐらいのことはできたのです。

呪術を使い、呪い殺しに来ることもある「ブードゥー教」

今のキリスト教世界から見れば、例えば、近くにあるキューバ等にもブードゥー教があります。あるいは、アフリカにもありますが、ブードゥー教を国教としているところがあり、幸福の科学も今は伝道でかなり食い込んでいるところなのですが、ブードゥー教などは、やはり呪術を使います。

相手に病気をつくったり、いろいろな幻影を見せたりする術に長けているので、もう相手は発狂するわけです。「夜、眠れない」ということもあると思いますが、要するに、霊能者でもないのに、いろいろなものが視え出したら、やはりおかしくなるでしょう。

例えば、「うわっ！　今、あそこのドアから誰かが入ってきた」とか、「窓から入ってきた」とか、「その床から出てきた」とか、いろいろな人が出てくるようなことが毎日続いて、それを周りの人に言っていたら、「あの人は、ちょっとおかしくなったね」と言われてしまいます。

そのようにして、「その人の職業を失わせる」「信用を失わせる」、あるいは、「病院に入れてしまう」、あるいは、最後は「呪い殺してしまう」ということも現実にできるわけです。

ただ、それだけで、邪教かどうかの判定は十分にはつきません。それは、仕事の結果が、全体的にどちらに向いているかということですけれども、弓矢を使わずに、そういったものを使う手もあります。

さらには、「ハリー・ポッター」のようですが、人間の幽霊のようなものを視せるだけではなく、いろいろな化け物を視せるのです。「巨大なボアのような大きな蛇が出てきて襲ってくる」とか、「体をグルグルに巻かれる」とか、そのようなものを視せたり、鬼のようなものを視せたり、いろいろなことをするわけです。そういうことが現実にできるということです。

普通の人は、そのようなことをまともに考えないので、「そんなことがあるのだろうか」と思うかもしれませんが、もし、「死んでもいい」と言う人がいれば、私がやってあげることもできます。

しかし、私の場合、「いやあ、『私を呪い殺してくれ』と言われたものですから、実験したら死んでしまいました」と言って、本当に無罪になるかどうかは分かりません。「それはありうることだ」と思われると困るのでできませんが、相手の霊能力が高ければ、それはあると思うのです。

4 「呪い」への基本的な対処法

強力な人に呪われても、
「幸福の科学の修行」を通して呪い返しは可能となる

当会の場合、「霊能力」といっても、どちらかというと、パッシブ、受け身型で、いろいろな霊示を受けることのほうが多いので、「物理的な念力で何かをする」という方向は、それほど強くないとは思います。しかし、鍛えれば、そちらの方向に持っていくことは、できないわけではありません。

それをするにはどうすればよいかというと、オリンピックに出る強化選手並みに訓練をして、心身共に強くすることです。強い筋肉質の肉体と、へこたれない念力、思いを貫くような力を鍛えつつ、修法として、相手にダメージを与える修法を修練すれば、それはできます。

これは、陰陽師以前になりますが、昔の山岳修行者たちでしょう。そうした呪術を行う山伏など、いろいろと修行した人はいると思いますが、そういう人のなかには、強い物理的能力を持った人もいました。これは、素質もあることはあるのですが、やはり、修行しないと出てこないことが多いのです。

そうした強力な人に狙われている場合、狙われていることを知らなければ防衛できないので、一発でやられてしまうこともあります。

ただ、幸福の科学の職員や信者で、経典を読んだり、お経を読んだり、たまには精舎に行って、瞑想やその他、反省行等を行ったりしている人は、普通の人ほど簡単にはやられないだろうとは思います。おそらく、感知するはずです。

少なくとも、当会の修行をしていれば、自分の守護霊レベルとコンタクトできる率は、そうとう高くなります。相手のほうが強ければ、守護霊だけでは勝てない場合もありますが、当会の精舎や支部等に通っていれば、必ず、「エル・カンターレ支援霊団」とつながるし、私ともつながります。

そのように、エル・カンターレ支援霊団全体とまでつながってしまえば、外部の敵であっても、それを全部崩すのはそれほど簡単なことではありません。まるでＨＳＵ（ハッピー・サイエンス・ユニバーシティ）のピラミッド型礼拝堂のようですが、あのような感じになって、ピラミッドのなかに自分がいるような感じになっているので、そう簡単に全部突き崩すことはできないのです。

ですから、基本的には、当会の教えや修法を実践したり、経典を読んだり、映画を観たり、説法を繰り返し聴いたりすることで、いろいろな呪い返しは可能にはなります。

ただし、特別な原因があって呪われている場合には、何らかの対策が要ることはありましょう。

罪を犯したことに対して、心のなかでお詫びをする

キリスト教であれば、懺悔する場合があります。懺悔室があって、神父には、顔が見えないように隣の部屋に入ってもらい、別の部屋の側で「こんな悪いことをしてしまいました」と懺悔するわけです。

なかには、「あの人を刺し殺しました」とか、「撃ち殺しました」というような懺悔もあって、これには神父も、「どうしたものかな」と思って、困るだろうとは思います。

相手の「○○を殺してしまいました」などという懺悔を聞いてしまったら、黙ってじっとしていられるでしょうか。これは、実に苦しいと思います。もし、それが「同じ教会に通う人と殺し合いをした」ということであれば、たまらないこ

となろうとは思います。

懺悔を聞いたりすると、罪を犯したことを知ってしまうことは多いと思います。そこで、日本でも、刑法等にあると思いますが、宗教家、聖職者の場合、職業上、罪の告白を聞いて警察に届けなくても、罪にはならないことになっています。宗教家は、そういう特別な職業の一つなのです。

聖職者以外にも、弁護士や医者など、「職業上、秘密を守るべきである」と思われるような人の場合は、罪にはならないことになっています。

ですから、幸福の科学でも、例えば、「実は、妻を殺したのは私です」ということを聞いて黙っていても、罪にはなりません。当会の人はみなよく話すので、なかなか黙ってはいられないかもしれませんが、そうなのです。

聖職者は、人が犯した罪を知る可能性はかなり高いです。その際、その人に教えてあげなければいけないことが当然あります。つまり、「反省や懺悔をしなさい」ということです。まずは、自分が罪を犯したことに対して、心のなかでお詫(わ)びをすることが、最低限でしょう。

ただ、このくらいのことで、完全に終わるとは思いません。


呪(のろ)いを持った「憑依霊(ひょういれい)」や「生霊(いきりょう)」に加え、別の霊まで働くことがある

相手が自分のことを呪(のろ)い、憑依霊(ひょういれい)になって取り憑(つ)いてきている場合、あるいは、相手がまだ生きているならば、生霊(いきりょう)になって来ている場合、自分に病気がたくさん起きてきます。

「ガンになる」「寝(ね)たきりになる」「車椅子(くるまいす)生活になる」「耳が聞こえなくなる」「目が見えなくなる」「頭がボケて変なことを言い始める」「口がきけなくなる」「心臓の調子が悪くなる」「体内に石ができる」「関節炎(かんせつえん)になる」「リウマチになる」など、いろいろなことが起き始めるのです。

この場合、霊的な原因はそうとう程度あります。

さらには、「死霊、すなわち、死んで祟ってきているものと同通するもの」、あるいは、「生きている人が不幸体験を煮詰めていて念を発信している場合には、その念と同通するもの」が来ることもあります。

地獄にいる霊、あるいは地上界を徘徊している霊のなかには、同じようなことで人を恨んだり悩んだりして、浮かばれないでいるようなものもいるので、その気持ちを晴らしにくる場合があるのです。

そういうことで、守護霊でもなく、指導霊でもないけれども、別の霊が手伝ってくる場合があります。それは、その霊自身も、自分の気持ちを晴らしたいからなのです。

自己実現の過程で、人の恨(うら)みを買っていないかに気をつける

とにかく、呪いを受けないようにすることは大事ですが、いろいろな面で恨(うら)まれます。なぜなら、自己実現の観点から見ると、自分にとってよいと思うことは、実は、他の人にとって、そうならないことがあるからです。

したがって、点検してほしいことがあります。

自分が自己実現的によいと思うことを書き出してみると、いくらでもあるでしょう。「お金がたくさんあればよい」「出世すればよい」「モテればよい」「子供が授(さず)かればよい」「大きな家に住めればよい」など、人から尊敬されるようなことはたくさんあると思います。

こうした自己実現はあると思いますが、これをやっている間に、他の人との競争や競合が起きることがあり、例えば、「その人が出世し、早く課長または部長

になることによって、ほかの人がなれない」ということが、当然、世の中には出てくるのです。

そして、なれなかった人が、それを受け入れることができればよいのですが、本人が納得していないような場合は、念波が出続けることになるわけです。

「武士道というは死ぬことと見つけたり」の霊的視点から見た意味

最近、私は武士道の勉強も少ししてみたのですが、山本常朝という九州の人が、『葉隠』という有名な武士道関係の本のなかで、「武士道というは死ぬことと見つけたり」と書いています。

そのため、武士道を言う人は、長年、この言葉を焼きつけて生きてきたと思うのですが、最近、「この言葉には別の意味があるのではないか」と感じるようになりました。

剣を抜いて斬り合うことは、もちろん、どちらかが死ぬ可能性が高いですし、両方が死ぬこともあります。死ななくても大怪我をする場合もありますし、当然、体の一部が不具になる場合もあります。

武士として生まれた以上、真剣でもって渡り合うので、相手を斬ることもありますが、自分のほうが斬られて死ぬ場合もあります。

ところが、毎日、「武士道というは死ぬことと見つけたり」と繰り返し思っていたならば、どうでしょうか。

たとえ斬られて死に、あの世に行ったとしても、当時の人はあの世を信じていたので、「死んだことがまったく分からない」ということはないと思います。

刀で斬り合いをして死んだ場合、おそらく、自分の死体を見るでしょうし、戦場なら葬式はないかもしれませんが、そうでなければ自分の葬式も見るでしょうから、自分が死んだことは分かったのではないでしょうか。

そして、いちおう、刀で斬り合う以上、「半分は死ぬことがある」と覚悟していたと思うのです。

要するに、「武士道というは死ぬことと見つけたり」というのは、もしかしたら、単なる理念ではなく、「自分が斬られて死んだときに、ヒュードロドロと化けて出て相手に取り憑き、しつこく仕返しをしようとしてはならない。そんなことは男らしくない」という教えも入っていたのではないでしょうか。

「なるほど。『武士道というは死ぬことと見つけたり』というなら、自分は死んだが、武士として潔い死に方だった。これで満足だ」と思うことで、少なくとも、相手を呪ったり、相手に憑依したりすることはなくなるでしょう。

ある意味で、「（葬式での）お坊さんの説教の前に、あらかじめ説教を植え込んだ」という感じもあります。

剣の修行をしている間、「剣を使う以上、いつ斬られて死ぬかは分からない」

と考えることによって、「斬られた場合は潔く死のう」と思うようになるわけです。

あるいは、「死ね」と言われて切腹することもありますが、この場合も、みな幽霊になって出てこられたならば、たまらないので、そうならないように、「死ぬときには、あっさりと諦めて死ね」という教えであったのでしょう。

そうだとするならば、これは、ある意味で、命のやり取りをする世界においては、その後の展開を非常にスムーズにし、社会的秩序と安寧を守るための方法であったのかと思います。

斬られたら、「あっさりと」というわけにはいかないかもしれませんが、「武士として本望である」と思うことで、恨みの念波を持って徘徊することが少なくて済んだのでしょう。そうであるならば、確かに、そういう教えもあったのかと思います。

今の時代、めったに人を殺したりはしないでしょうが、会社で出世競争、あるいは芸能界であれば人気競争をやっていれば、当然、勝ち負けが出てきます。そのときに、「勝っても負けても恨みっこなしよ」と言っているのが武士道であると考えれば、これは、念波を管理するために、それなりに有効なのではないかと思います。

民主主義社会では、万人にいろいろなチャンスが与えられている

その意味では、わりあい淡々としているというか、あっさりしていることも大事であると思います。というのも、民主主義の社会を認めている以上、万人にいろいろなチャンスが与えられているからです。

万人に、総理大臣にも乞食にもなれる権利が与えられています。また、摂生して生きれば、長生きできる可能性もあるし、お金があるからといって暴飲暴食を

したら、早く死んでしまう場合もあります。よい病院にかかれる人もいるし、お金がなくて病院にもかかれずに死んでしまうこともあるかもしれません。

しかし、チャンスは全員に開かれていて、いちおう自由競争がなされています。多少、階級差はあるかもしれませんが、「絶対に引っ繰り返せないほどのもの」というのは、それほど多くはありません。

例えば、「皇室の人間になる」ということは、生まれによって決まっている部分がそうとうあるので、簡単ではないかもしれません。ただ、「ある程度のお金持ちになろう」とか、「大小は別として、社長と名の付く人間になろう」とかいうぐらいの志（こころざし）であれば、おそらく達成できないことはないと思います。

5　最も怨霊になりやすい男女関係

結婚しようと志せば、結婚できないことはない

それから、「結婚さえできればよい」「とにかく結婚できればよい」というぐらいの志であれば、できないことはないでしょう。

「自分は人から好かれるか、好かれないか」という度合いもあるし、自分自身の好き嫌いもあるけれども、それを少しずつ矯正していけばよいわけです。そして、人に嫌われる要素を少し減らし、人に好かれる要素を増やすようにしていけば、可能性は高まってきます。

優柔不断な性格であるなら、最後は、その性格をもう少し変えることです。そ

のためには、「百点満点でなければいけない」という考え方をやめて八割主義になり、「八割満足ならよい」という考え方になればよいと思います。「もう少し悪くても構わないと思っていたけれども、結婚してみたら、相手は思っていたよりも意外によかった」という場合もあるのです。

お見合いが意外によいのは、そういうところです。お見合い結婚をする場合、相手にあまり期待していないこともあります。いちおうの経歴や外見は分かりますが、恋愛（れんあい）結婚のように盛り上がってするわけではないので、期待度はそれより低いと思うのです。

しかし、最初は別に好き合っていない者同士でも、「釣（つ）り合っている」とかいうことで、周りが勧（すす）めてくれる場合には、ゼロから関係をつくっても、よくしていける可能性がわりに高いのです。

これは日本人の知恵（ちえ）です。西洋型の人は、「ちょっと信じられない。お見合いなんて成り立つはずがない」と言いますが、日本では成り立っていますし、現に成り立ってきたのです。

今は、「親同士による代理お見合い」も広がっている

しかも、今は、本人同士が会わない、親同士の代理お見合いまで、商売としてはけっこう繁盛しています。

子供同士は忙しいし、あまりしたくないということで、結婚していない子供を持っている親同士が、まずは集団で会い、気の合う人とお互いのカードを見せ合って、「どうだろうか。これならいけるのではないか」という感じで、子供の相手を選んでいくのです。

親子で、多少、美醜や好き嫌いの判断が似てくる場合もあるので、親がある程度気に入る人であれば、遺伝子的には子供も気に入る可能性があることはありま

す。

親同士が付き合えるような相手というか、「自分たちが若ければ、お互いに圏内に入っているかな」と思うような相手だった場合、子供同士でも、圏内に入る可能性がないわけではないのです。

このように、「なかなかお見合いをしてくれない子供のために、まずは親同士がお見合いをする」ということも、今、仕事としてはけっこう広がっています。

確率論もあるが、最初のお見合いで決めるのも悪くはない

逆に、若い人の場合、可能性が広がりすぎて選べないということもあります。「もう少ししたら、もっとよい人が出てくるかもしれない」と思って、粘ってしまうのです。

私が大学に入ったころ、高校の同級生で東大の理Ｉに入った人が、「二十人と

お見合いをするとして、何番目に決断すべきか」という話をしていました。

私はその確率論の計算を正確には覚えていませんが、「お見合いを二十回するなら、九回まで見送り、それまでの九人よりもよい人が出たら、そこで決めろ」というようなことを言っていたような気がします。それが確率論的にはいちばん成功する確率なのだそうです。

「二十回すると決めたら、九回目までは決定的な判断は出すな。九回目を超えて、それ以上の人が出たら、そこで断ずればよい。それがいちばん勝率が高い」というようなことを言っていました。

理数系ではそういう計算ができるのかもしれません。何か公式があるのかもしれませんが、一番目によい人が出てきたら、どうするのでしょうか。文系的には、「一番目によい人が出てきたなら、その人と結びつくのも悪くはない」と思います。

よい人が出てきたら、別によいのではないかと思うのですが、「九人までは我慢して見過ごす」というようなことを言っていたのです。確かに、目が肥えてくるということもあるのでしょう。

映画やテレビドラマに見る恋愛・結婚に関する社会の変化

アメリカの映画を観ていると、ちょっと信じられないと思うことがあります。「男女がカップルで同棲しているのに、それぞれに結婚相手を探している」という、こんなことが成り立つのだろうかと思うような映画も多いのです。今から四十年以上前の映画あたりから、そうなっています。

ベッドルームを共有して同棲し、ご飯をつくって一緒に食べているが、結婚していない。そして、それぞれ結婚していない以上、まだ権利があるわけで、同棲相手を押さえながら、ほかにもっとよい相手を探し続けている。

ある意味での安全パイといえば、そうなのかもしれません。両方とも、最後は同棲している相手にすればよいわけですが、同棲している間に、つまり入籍するまでの間に、それよりよい相手と出会えたら、そちらと結婚するというわけです。ある意味で怖いです。ただ、それでも、「よい人と会って恋愛ができ、結婚する」ということになれば、アメリカ人は、それを純愛と取るらしいのです。それを知って、「これは進んだ社会なのだろうか」と思いました。

そして、カップルができて結婚すると、同棲していた彼または彼女は、荷物をまとめてすごすごと出ていくわけです。両者合意の下、社会的にそうなっているなら、それでもよいのかなと思いますが。

同棲しているカップルがダブルベッドに寝ていながら、片方のケータイに電話がかかってきて、外にいる彼または彼女と話をしている。同棲相手が隣にいるのに、「いつ会う？」などと話をしている。

そういうシーンを観て、すごく図太い神経だなと思って、あきれるというか、「すごいな。これが未来社会なのだろうか」と思ったこともあります。

最近は、日本のテレビドラマでも、そういうものが出てきています。二〇〇〇年代になってから、「結婚せずに同棲していて、それぞれに結婚相手を探している」というようなものも出てき始めているので、社会の変化なのかと思うこともあります。

しかし、怨霊の発生原因として、私が見ていて、いちばんポピュラーなのは、「男女関係の問題」です。男女関係での怨霊の発生はすごいです。

もちろん、人を殺した場合などは、一生崇られるのはしかたがないでしょうが、崇られないようにピリオドを付けるために、裁判をやったり、犯罪者を死刑にしたり、いろいろなことをしてはいるわけです。

そういうことで、「恋愛関係のもつれ」等での怨霊の発生が多いのです。

契約で物事を考える、西洋社会における結婚のあり方

一つは、「進んだ」「開けた」と言うべきかは分かりませんが、そうした西洋社会のように、「もうあまり深く考えないで、契約で物事を考える」ということです。

「お互いに、結婚相手を別に探しながら同居している」というのは、職業で言うと「非正規雇用」のようなものでしょうか。

「ファイヤー（解雇）」と言えばすぐにクビを切れる社会、試しに雇って一週間でファイヤーできる社会なので、そういう社会であれば、結婚についても、そういったような感じもありえるのかもしれません。

逆に言うと、「相手がどういう人か、一緒に住んでみて試してみないで結婚するなんて、そんな恐ろしいことができるか」という人もいるのです。私も、実

際、そのように言っているのを聞いたことがあります。「相性がいいかどうかなんて、そんなものは一緒に住んでみなければ分からないではないか。見合いのような、そんな〝恐ろしい制度〟は、とてもではないけれども承服しかねる。そんなもの、分かるわけないではないか」と言う人もいたので、「なるほどな」とは思いました。確かに、相手の嫌なところは住んでみないと分からないところもあるので、そちらのほうが進んでいるのかもしれません。

契約思想がすごく強ければそれでもよいのかもしれないけれども、日本はそれほど契約思想が強くないのかもしれないと思います。

結婚をしたがらない、入籍したがらない理由としては、「離婚費用が非常に高いから」というのも一つでしょう。離婚をしたあと、送金し続けなければいけないとか、養育料を払わなければいけないとか、いろいろなものがつくので、「そうしたことを考えると、リスクが高すぎる」というような場合もあるかと思います。

あるいは、「男女両方共まだ若くて、収入も十分にないので、子づくりをして家庭を持てるほどでもない。それをすると、片方が仕事を持てなくなる。そういうわけでもないので、避妊をして同棲している」という場合もあるのかなと思います。

このように、考え方はいろいろであり、そういう状態での純愛もあるところはあるらしいのです。

コロナウィルスで社会問題になっているイスラム圏の一夫多妻制

その反対側として、極端なのはイスラム圏であり、そういうことは絶対に許してくれず、「結婚式も挙げずに」というようならば、「殺されることもある」といったところもあります。

イスラム教徒は妻を四人持ってもよいのですが、同じ所にいたら喧嘩をするので、いちおう場所を分けています。家を別に持っていなければいけないわけなので、実際上、お金持ちにしか無理でしょう。

さらに、アッラーの思し召しにより、平等に愛さなければいけないので、四人の妻を持った場合は、彼女らが不満を言わないように、平等に愛さなければいけません。毎月、同じぐらい回っていかなければいけないし、同じぐらいプレゼントをしなければいけないというようになっています。

ところが、最近では、「コロナウィルスが流行ってから、外出ができなくなって、ほかの妻の所を回れなくなった」ということで、社会問題になっているのです。

日本やアメリカではそういう社会問題はないと思いますが、イスラム圏では社会問題であって、これはアッラーの教えに反するわけです。「コロナウィルスが流行ったからといって、妻を平等に愛さないということは許されるのか。それは、アッラーの思し召しに反している」ということで、離婚騒動も起きているのです。

いろいろなところで、いろいろな形態がありますが、あらゆる事態に対応した考え方を用意できてはいないので、神様も、責任を追及されたら大変かなとは思います。

極端化すると、「ライオンの世界」と同じになる

実際上、イスラム圏の重婚以上に当たるものも、日本で言うと、社長族や、昔であれば身分がある人たちが、お世継ぎをつくるために正妻以外に側室をたくさん持っていたのと、変わらないようなものかなと思うところもあります。

つまり、「貧乏な人の場合はできない」ということです。

昔の日本も、庶民は一夫一婦制ですが、イスラム圏でも、やはり、貧しい場合

は、一人も妻をもらえないこともあります。「一人の人が二人、三人、四人までは妻をもらえる」ということは、「もらえない人が出てくる」ということです。

これは、極端化すると、「ライオンの世界」と同じでしょう。

ライオンの場合、一頭の雄が雌を率いているわけですが、それは、雄が護っているのです。餌を雌が獲りに行くので、狩りは雌の仕事であり、子供を産みます。

ただ、そのうち老いてくると、別の雄、若くて強い雄がやって来て、雄同士で喧嘩をして、負けたら老ライオンは追い出されるのです。「本当にかわいそうだ」と私も思いますが、喧嘩で負けたら追い出され、若い雄が群れを護ります。

するとどうなるかというと、前の雄が産ませた子供はみな殺されるのです。かわいそうだけれども、そういうこともあって、全部、ガラガラポンにされてしまうので、やはり「厳しいな」と思います。

生物界の法則としては、強いものが生き残る、あるいは、優秀なものが生き残るようにしなければ、護れないというところもあるのでしょうから、それは、それなりの文化なのだろうとは思います。そういう世界もありますが、パンダのように、もともと数が少なくて、少なく生まれて護られているような動物もいます。

恨み（うら）を持った生霊（いきりょう）が起こす心霊（しんれい）現象

この男女の場合の怨霊（おんりょう）というのは、けっこう数が多いのです。うまくいっているときは起きませんが、相手を恨（うら）むと、好きになればなっただけ、恨みも同じぐらい来るので、これが難しいのです。

お互いプレイボーイ、プレイガール同士の結婚の場合は、世慣れしているために、比較的（ひかく）、浅く済むこともあるとはいいますが、それでも分からないところがあります。しっかり遊んできた結果、「この人こそ本命」と思って、思いを入れて結婚したのであれば、それほど簡単ではないかもしれません。

生霊(いきりょう)は確実に発生しますが、それが夜のポルターガイスト現象になって出ることもあります。それは生霊でも起こせるのです。いきなり天井がミシミシと鳴ったり、金縛(かなしば)りに遭(あ)ったり、ドアからパタンという音がしたり、ノックする音がしたり、のしかかってきたり、首を締(し)め上げられたりといった生霊現象がありますが、何かで確実に恨まれている相手などがいる場合は、そういうかたちで来ることもあります。あるいは、悪夢を見ることもあります。

幸福の科学でも、「心霊(しんれい)現象リーディング」などを行うと、やはり、この金縛りの例がものすごく多いのです。偶然(ぐうぜん)、場所的に金縛りに遭う場合もあるし、その人の仕事の使命上、遭う場合もあります。それ以外では、付き合っていたのに別れて、相手に恨まれているような場合などにも受けることは多いのです。

ひどい場合は、病気になるところまで来たり、仕事ができなくなったり、錯(さく)乱(らん)状態に陥(おちい)ったりするようなこともあります。場合によっては、「気がついたら、踏切のなかに立っていた」とか、「横断歩道で、自動車のなかに飛び込んでいった」とか、そのようなことも起きることがあるので、やはり、「恨み」というのはけっこう怖いものなのです。

6　「呪い返し」に役立つ「三福」の思想

自分に与えられた福を惜しむ「惜福」

「この世で恨みを買わずに生きていく」というのは、それほど簡単なことではありません。自分としては気がついていなくても、恨まれているものなのです。

当会で教えている「三福の説」というものがあります。「惜福、分福、植福」というもので、これは幸田露伴も言っていますが、実は釈尊の教えのなかに一部は入っているものです。ただ、仏典まで読んでいる人は少ないので、幸田露伴が仏典からそれを引用して言っているとは知らずに、「幸田露伴の説」と思っている人もいます。渡部昇一先生もそう思っていたようではありますが、実は釈尊が説いている部分も一部あるのです。近代は幸田露伴の説としてもいいのですが、この「三福説」は、ある意味では、そうした「生霊封じ」のためには役には立つと思います。

最初に述べた「惜福」というのは、「福を惜しむ」ということです。

たとえとして出ているのは、「母親が新着の背広をつくってくれたといったことがあったとして、今まで着ていたものでまだ着られるものがあったら、それを着つつ、『新着の背広は本当に大事なときに着よう』と思って、人と会ったりするときとか、めでたい何かがあるときとかに出してきて着ていくけれども、それ以外はタンスに隠しておく。今まで着ていた服はまだまだ着られるので、普段はそれを着ていく」といった感じです。こういうことを「惜福」というように言っています。

ほかの例で言えば、「出世」です。

「他人(ひと)より早く役員になった」ということがあったとして、「それは自分の能力が高かったからだ」とか、「生まれつき、そういう使命があってなあ」とかいう感じで、自慢話(じまんばなし)をする上司もいるでしょう。酒を飲ませてくれたりしつつ、自慢話をする人もいます。

ただ、「地位が上がれば上がるほど、物腰(ものごし)が柔(やわ)らかくなって、腰が低くなっていく」というのも、一つの「惜福」「福を惜しむ」ということなのです。

自分が課長になり、部長になり、局長になり、あるいは、役員になったりしたことについて、「これは運がよかったのであって、たまたまそうなったのです。自分の実力ではありません」というような気持ちを持っていることは、極(きわ)めて大事です。

当会においても、それをよく試(ため)されています。若い人であっても抜擢(ばってき)されたりすることはありますが、たいていの場合は、総合的実力が足りないので、しばらくしたら、下げられるか、横滑り（よこすべ）でほかのところに異動させられるということも多いのです。

例えば、あるところでエキスパートになっていて偉（えら）くなっていても、ほかのところへ移してみると、今度はまったくの新人になってしまうので、「そんなに高い地位には就（つ）けられない」ということで、元のところよりは下がります。

そうすると、前のところで威張（いば）りすぎていた人は、周りから生き念がたくさん飛んでくることにはなるでしょう。

前のところで上がっていても、「これは、たまたま、今のこの仕事が自分には向いているために持ち上げられただけで、自分は、ほかのところでも通用するとは思っていません」というぐらいの気持ちでやっていたほうがよいと思います。

「上の方が引きで、厚意でもって上げてくれた」とかいうこともあるのです。

こうしたことは、私の会社時代の経験でもありました。

たまたま、人事担当の役員に、自分の学校の先輩というような人が座ると、任期が二年ぐらいしかないことが多いのですが、その間に、普通はあまりそういったことにはならないのに、その人の学校の後輩に当たる人がパンパンッと上がってくることがよくあったのです。

しかし、その上司が外れてしまうと、今度は逆になってきて、「上がった人が、だんだん周りから外されていく」というようなことを幾つか見ました。

確かに、後輩は使いやすいので、もしかしたら、同じ学校の後輩などを、入社のときに面接で入れたりしているのかもしれません。そういったことで上がってくる場合もあるのです。

こうしたときに、実力相応の地位であるように、短時間で、頑張って勉強して、仕事もできるようになっていて、ほかの人の支持も受けられるようにやっていれば、引いてくれた上司がいなくなっても順当に上がる可能性もありますが、「あれはコネだけで上がったんだ」と思われている人は、普通は、コネで引いた人がいなくなったりした場合には下がっていきます。このように〝消えていく〟のを何件もたくさんたくさん見たので、ほぼ人間の本性と思うしかないでしょう。上がっても、たまたまということがあるので、「完全に自分の実力だ」と思って盲信したら間違いです。上げたり下げたりして、だいたいその人の落ち着くところがあるわけです。

他人より早く偉くなったり、収入が上がったり、あるいは、芸能系で言えば、わりに早いうちにヒットが出て、作品でヒットしたり、歌がヒットしたりすることもあるとは思うのですけれども、本当に巡り合わせがいい場合もあるので、「実力かどうか」については、やはり、「続いていくかどうか」を見ないかぎりは、本当は分かりません。

自分のほうが他人よりも早くパッと脚光を浴びて出てきたとしても、実力がないと、次第に、積み上げてきた人に追い抜かれてくることがあります。

「十年前、二十年前の映画やドラマを観ると、こちらが主演で、あちらがちょい役をしていたけれども、十年したら入れ替わっている」といったこともありました。

今は有名になっているけれども、昔はちょい役で出ていたというような人もいますし、当時、脚光を浴びていた人が、今はもう、脇役でもやらなければいけないというようなことも出てきているので、やはり、「惜福の思い」は必要だと思います。

その惜福の思いは、例えば、スターなどであれば、「周りに対する配慮の問題」だと思うのです。裏方に対する配慮の問題やマネージャーに対する態度、あるいは事務所に対する態度や、それから、共演したり、一緒に作品をつくったりした人たちに対する態度でしょう。そういうときに、驕らずに、物腰柔らかく対応していくことは大事だろうと思います。

恵まれているときには周りにおすそ分けをする「分福」

それから、二番目は、先ほども述べましたが「分福」です。

「分福」というのは、「自分が他人よりもやや恵まれた状態になったら、少しずつおすそ分けをする」という考えです。

こういう考えは田舎にも残っていて、例えば、「何かめでたいことがあったときには、赤飯をたくさん炊く」というようなことがあります。

私自身も経験があることなのですが、田舎の人は、やや多めにつくってしまうのです。ただ、赤飯をたくさんつくっても、家では食べ切れないので、近所におすそ分けをします。「めでたいことがあったので」ということで、赤飯をおすそ分けするわけです。そして、別のときには、今度はその近所から、「ちらし寿司をたくさんつくったので」ということで、おすそ分けしてもらうのです。

このように、分福のようなことをすることがありました。

あるいは、「同期のなかで、いちばん早く昇進した」ということであれば、周りにおごってあげたりすることも、そうかもしれません。

こうした「分福の気持ちを持っているかどうか」ということも、日ごろの徳の一つなのです。

数十年後のために福を植える「植福」

「植福」というのは、幸福の科学では、やや特別な意味合いを持っているので、一般的な「植福」とは違うかもしれませんが、もともとは植林のような考え方です。

山に木を植えるということは、戦後、ずいぶんと行われてきました。ただ、丸裸の山に小さな苗木を植えるわけですから、植えた人自身は、その木を刈り取って売ることはできません。年数が必要なので、子孫の代のために木を植えているわけです。それを切り、製材して売ることができるのは、子供か孫の代になるので、三十年後、五十年後のために植えているのです。

今は、花粉症が流行ってしまい、やや困っているところもあるのですが、杉などは、家を建てるときに役に立つので、値打ちのある木でした。杉の植林をたくさんしすぎて、花粉症で困っているところもあるので、思わぬ落とし穴もあるのですけれども、こういうのはありがたいことです。

「離れ」で経験した「分福」にまつわるエピソード

そのようなことは、私自身も経験があります。

私の子供のころの家には「離れ」がありました。当会の映画で、ときどきＣＧ

で再現されていますが、すでになくなっていて、今は、鉄筋コンクリートの小さな二階建ての自宅が残っています。その裏に谷が流れていて、やや斜め向こう側に、「離れ」として木造の古い物件があったのです。

もとは、父親が三十歳ぐらいのときに会社を起こし、工場にしていたところではあったのですが、その前にも、二人ほどそこで事業をして失敗しているので、父も含めて三回続けて失敗したという、やや、〝いわくつき〟の所ではありました。おそらくは、何か呪われし場所だったのではないかと思います。

その恐ろしい「離れ」で、私は一人で勉強をしていました。もちろん、兄がいたときもありましたが、兄がいなくなると、一人で勉強していたのです。

怖いと思いつつも、夜になると、鞄を持って、「離れ」まで夜道を歩いていき、鍵を開けてなかに入ります。そして、真っ暗のなかを、電気をつけながら上がっていくわけです。

一階も真っ暗なので、手探りで上がっていかなければならず、上がった所で電気のスイッチを押せばパッとつきます。しかし、次の部屋に入って上に上がるには、そこの電気をつけておくわけにはいきません。消さなければいけないので、次の部屋に入るときには、また真っ暗になるわけです。その真っ暗のなか、次の部屋へ入って、また電気をつける。それから、階段を上がる前に階段の電気をつけたら、その部屋の電気は消さなければいけないので、階段の電気だけで二階に上がっていき、二階に上がったら階段の電気を消す。そのようなかたちで、上がっていっていました。

また、二階には二部屋あり、片方の部屋の真ん中に、六十ワットの裸電球があるので、手探りで「だいたいこのあたりかな」と思うところまで行き、電気の紐を引っ張ったところで、やっと明るくなるわけですが、あとは真っ暗です。

さらに、その「離れ」は、鍵がかかるような、かからないような所だったのですが、昔から兄もマンガを読んでいて、隣の部屋の押し入れにはマンガが数百冊はあったこともあり、私たちが日中いないのをいいことに、近所の子供たちが玄関を開けて入ってきていました。

昔の鍵は、ねじって閉めるような簡単なものだったので、扉をヒョッと持ち上げて、横にピュッと動かせば、開いてしまいます。それで、なかに入って上の部屋に上がり、マンガを読んでいたのです。近所の人は、もう本当に、「二階まで上がって堂々とマンガを読むか」と言いたくなるほど読みに来ていました。

そのように、マンガは読むし、さらに、柿をちぎりに来たり、桃やイチジクを取りに来たりと、庭に植えているものまで取りに来るので、もう本当に困りました。

しかも、子供だけではなく、町会議員をしている人まで入ってきていたのです。人が住んでいるのは家のほうであり、こちらの「離れ」のほうにはいないだろうと思ったのでしょう。いちおう門はあったものの、外から手を入れて、錠の部分をキュッと回してしっかりと横に抜けば、カランと音がして開いてしまうものではあったので、開けてなかに入ってきて、フキを採っていました。庭に自生していたフキを採りに来ていたのです。

誰もいないと思っているようだったので、私は勇気を出して二階の窓を開け、「私はここにいるんだぞ。勉強しているんだ。学生だけれども、勉強をしている」ということを気づかせようとしました。幾つぐらいのころのことだったか忘れましたけれども、私一人しかいなかったので、小学校高学年か中学生のどちらかだったと思います。

ただ、「離れ」で勉強していた私が、二階の窓を開けて、「おじさん、そこはうちの土地なんだよ。うちのフキなんだけれども、分かっていますか」というようなことを言ってきたため、その町会議員は、「おう！　おたくのだったのか。知らなかった。わしは自然に生えているのかと思っていた。フキぐらい、ちょっともらってもいいかな。こんなに生えているし、人もいないしと思ったんだ」と言っていました。そして、「だけれども、採ってしまったから、これだけはもらって帰るぞ」などと言ってきたのです。こちらは、「町会議員がそんなことをしていいのか。こんにゃろう。売り物ではないけれども、タダでもないぞ」と思っていました。結局、その人が来たのはそのときだけであり、そのあとは来なくなりました。

田舎はざっとしているので、そんなものです。

また、その後、その隣には食糧事務所というものが建ったのですが、その前は製材所となっていて、父親がつくった針金の柵だけが、私の家との境界線となっていました。

そこは、製材所の跡地ということもあり、おがくずや古い木がたくさんあったため、夏になると、カブトムシが数多く湧いていたのです。そうすると、やはり、近所の人や子供だけでなく、遠いところからも、カブトムシを獲りに来るわけです。

もちろん、それは私の家のものではないので、文句は言えません。ただ、「おじさん、それどうするの？」と訊いてみたところ、「おお。大阪へ持っていったら、雌は一匹三百円で売れるんだ。雄は一匹五百円で売れるんだ。だから、ここでカブトムシを獲って集めて、大阪まで売りに行くんだ」と言っていました。

昭和というのは、こういう時代です。昭和三十年代の終わりから四十年代に入るぐらいのことでした。

確かに、徳島でカブトムシを獲って、大阪に売りに行けば、現金収入にはなります。当時の三百円、五百円は、今にすれば、もう少し高いでしょうから、おそらく、何千円かぐらいにはなるのでしょう。そのようなことを言っていたことがありました。

今述べた内容は「分福（ぶんぷく）」に当たるものでしょうか。

子供の将来のために何かを遺（のこ）すことも、親ができる「植福（しょくふく）」

「植福（しょくふく）」について述べたかったことは、次のようなことです。

先ほど、「離れ」の家に、近所の子供が猿（さる）のように谷を渡（わた）ってきて、いろいろな果物まで取っていくという話をしました。〝犯人〟は分かっていたので、私の母親も、少し文句をつけたこともあったものの、向こうの親は、「いや、よそのものを取るのはスリルがあるから、行くんですよ。スリルがあるので、それで、どうしても取りに行くんです」と言っていました。

それはスリルはあるでしょうが、その果物は、私のおばあさん、つまり、父親のお母さんが、亡（な）くなるときに、孫のためにと、当時のお金で千円だけ遺（のこ）してくれてできたものなのです。「これで果物の木でも植えてくれれば、大きくなったら食べられるようになるから」ということで、今述べたように、いろいろなものが植えられました。柿、イチジク、桃、ユスラウメ、ほかにも幾つかあったかと思いますが、そういうものを植えたところ、だんだんと大きくなり、たくさんの実が生(な)るようになったのです。

こうしたものも「植福」に当たります。あとから来る者のために何かを遺してあげるとか、将来のために、いずれ大きくなるものを遺してあげるというものです。

例えば、今は銀行の預金利子はほとんどありませんが、昔は、「子供が大きくなったときのために積み立ててあげる」などということも、親の美徳の一つだったと思うのです。

私自身も、中学校に入ったころぐらいから、母親が川島(かわしま)郵便局まで行って、毎月積み立てをしてくれているらしいということを聞いてはいました。田舎の中学ではあるけれども、いちおう総代で入学し、読んだので、「この子はもしかしたら偉くなるかも分からない。二十歳になったときには、成人式でスーツが要るし、就職するときにも要るかもしれないから」ということで、小さな額だとは思いますが、背広のための積み立てを毎月してくれていたのです。

確か、当時で、「満期で十万円ぐらいだ」と言っていたと思います。私が二十歳のころと考えれば、一九七六年ぐらいでしょうから、そのころで十万円ほどになる額というと、割ってみても年一万円もないぐらいなので、額的には千円になっていたかどうかも分かりません。

ただ、「複利計算でだんだん大きくしていき、二十歳のときには十万円ぐらいになるように積み立ててくれている」ということを聞いて、とてもうれしかったのを覚えています。中学時代、高校時代に、二十歳になったら、背広代が十万円になって入るということを知るわけです。当時の感じだと、五万円でも、そうとうよい背広が買えましたから、二着は買えるという感じでしょうか。そう思ったので、そういうことを親がしてくれていると聞いて、とてもうれしかったのを覚えているのです。

こういったものも「植福」に当たります。

今の人は、親が八年がかりで十万円を貯めるなどというのは、バカバカしいと思うかもしれません。「このくらい、バイトしたらすぐじゃないの?」「十万円ぐらい、一カ月もバイトすれば、すぐに入る」と言われて、感謝もされない額かもしれません。

しかし、私たちのころは、「二十歳になったら満期が来て、十万円で背広を買える」ということが、とてもうれしいことだったのです。こういうものが「植福」です。

こうした「惜福」「分福」「植福」の気持ちを持っていると、周りの人の嫉妬心(しっとしん)や恨み心などが薄(うす)れるし、多少は感謝の思いも出てきます。職場によって違うとは思いますが、努力してこうしたことをやっていくことで、多少は、「人間として真面目(まじめ)で、勤勉で、しかし、ほかの人に対する心配りを忘れていない人」というように見えるのではないでしょうか。これが一つです。

7 恨まれる前に心掛けるべき「デモクラシー的な価値観」

「人間は神仏の子として平等」という価値観を持つ

それから、宗教的に言えば、本来は人に恨まれるようなことをしないことが、いちばんよいことではあるのですが、恨まれる前に心掛けるべきこととして、いわゆる「デモクラシー的な基本的な価値観」を持つことがあります。

「今は、立場が違ったり、男女の差があったり、年齢の差や地位の差など、いろいろあるかもしれない。しかし、根本的には、人間は神仏の子として平等の価値を持っているのだ。今、見えている姿は、小さかったり、偉くなかったり、貧相だったり、汚い身なりをしていたり、お金がなかったりなど、いろいろとあるかもしれないけれども、根本的には、神仏の子としての可能性のある人なのだ」という気持ちを持って人に接していると、みなが超能力者のようなもので、以心伝心で分かるのです。「バカにしているのではない」「自分に対しても、『人間としては一緒なのだ。平等なのだ』と思っている」という気持ちは通じるのです。

アメリカに行ってショックを受けた「デモクラシーの捉え方」

これは、私が若いころに商社の海外勤務でアメリカへ行かせてもらって、根本的に受けたショックの一つでした。日本で学んでいたデモクラシーと違ったわけです。

デモクラシーの理念だけは分かっていて、「一人一票で同じように扱う」ということなのだろうと思っていましたけれども、そうではなくて、「人間性としては、人間としては平等である」という価値観を持っているのです。アメリカへ行って、「本当にそこまで思っているのだな」ということが分かりました。

「日本も伝統的な身分制社会がかなり長かったので、背景にはけっこういろいろとそういうものを見る目は持っているのではないか」と思っていたので、そういうデモクラシー的な考え方ができません。どちらかといえば、いわゆる悪平等も含めて、「同じ、平等ならよい。みなが平等ならよい。それがデモクラシーであり、民主主義とはそういうことなんだ」というような捉え方をしているのです。

それは、同じように見えるかもしれませんが、「すべての人が上もなく下もなく同じ」ということになると、最終的には、ゆとり世代のときのように、かけっこをしたら「みんな一等です」とか、算数の試験をしたら「全員が百点です」とかいうようなことを言い始めます。「百点を取れないのは問題が難しすぎるからです。だから、みんなが百点を取れるまで易しくしましょう」という感じで、「全員が百点です」「みんな一等です」というようなところまで行きますが、結果まで平等に扱うという「結果平等」になると、共産主義に近くなります。純粋な共産主義に近くなるのです。

しかし、アメリカの人々はそうではなく、「人間は神様に創られた」という気持ちを持っていて、「神様が人間を創った。そして、魂を吹き込んだ。だから、本質的に平等なのだ」ということで、人を見ていたのです。

これは私もショックでした。日本から出たことのない日本人には、観光ぐらいでそれが分かるかどうかは何とも言えませんが、そこまで分かっていないところはあるだろうと思います。

それとともに、「だけど、努力によって差が出ることは当然なのだ」という一線についてははっきりしていて、この「だけど」のところが同じではなかったのです。つまり、「『努力してお金儲けができるようになった』『努力していい学校を出たりして、こういういい職に就けた』ということであれば、その人が偉く扱われるのは当然であって、偉く扱わないのは極めて不公平だ」という考えも同時に存在していて、「平等」と「公平」が同時に存在する社会なのだということです。

雑用をさせられた私のために怒ってくれた銀行窓口の女性

これまでにも何回も話したことですが、ニューヨーク時代、私が日本人としてはいちばん下っ端の幹部であったので、自分が個人のお金を下ろしに行くときに、「先輩のお金もついでに下ろしてきましょうか」と言って、小切手を持ってほかの人のお金も一緒に下ろしてあげたりしていました。ところが、銀行の窓口をしているテラーの女性が怒り始めたのです。

「これは、あなたの小切手か」と訊いてきたので、「違います。私のものではなくて、私の上司の小切手です。先輩のものです」と答えると、「なぜ、本人が来ないのだ。自分で金を下ろしに来るべきだ」と言うのです。「いえ、上司に頼(たの)まれたら、来るのは当然です」と言っても、「許せない。私が電話をしてやる。電話番号を教えろ。上司に直接かけてやる。そいつらの仕事だろうが。こういうプライベートなことを人に頼むな」と怒っていました。

銀行の窓口の人なので、私がどういう立場の人かは、たぶん、あまり知らないと思うのです。知らずに言っているのですが、それでも怒っていました。

私を見て、そのように使ってはいけない人だと感じたのだろうと思います。「上司に電話を入れてやる」と言ったのを見て、私はすごく感動してしまいました。日本ではまずありえません。絶対にありえない光景だったのです。

本当にまったく知らない人なのですが、何回か行っているうちに覚えられて、「許せない。そいつらがここに下りてこい。ここで怒ってやるから下りてこい」と言ってくれました。「いえ、上司だから、そんなことはできません」と言っても、「いや、私にとっては上司じゃないから言ってやる。やっていいことと悪いことがある。こんなやり方はいけない。そいつらのプライベートのお金だろうが。公金なら、それは、そういう仕事があってもいい。でも、これはどう見ても公金ではない。個人の、毎週の遊び金か何かを下ろしているのだろう」と、個人用の小切手を見てものすごく怒っていました。

それまで私は、ああいう怒り方を見たことはなかったのです。日本の銀行でも見たことはないでしょう。たぶん、ないと思います。

そのように、怒っているのを見たことがありました。

アメリカにはない日本の〝雑巾（ぞうきん）がけ〟カルチャー

また、会社のなかでは私が雑用もやっていました。日本的には、〝雑巾（ぞうきん）がけ〟というのは当然言われることなので、来たばかりの人は〝雑巾がけ〟をするわけです。

私の場合は、雑巾がけそのものはしませんでしたけれども、単純な作業をしていました。それだけのことではありますが、コピーマシンが壊れたりしたらちょっと直したり、紙を補充したり、コーヒーが切れたらコーヒーの豆を下ろしてきたりするぐらいの、その程度の雑用は仕事以外にもしていたのですけれども、当然、そのくらいのことはやらなければいけないでしょう。前任者もしていたのでやっていたのですが、アメリカで雇った女性スタッフを使っていると、彼女らがブーイングをし始めて、「あなた、東大を出ていると言うけど、嘘だろう」と言うのです。私は、「いや、嘘ではない。本当だ」と答えていました。

その当時は、東大は今よりもプレステージが高くて、世界のナンバースリーぐらいには入っている大学だったと思います。私の若いころは、日本はまだ高度成長期で、バブルに突入していくいい時代であり、一九六九年には、もう、ドイツもイギリスもフランスも、欧州をすべて抜いてナンバーツーになっていました。

七〇年代には『ジャパン・アズ・ナンバーワン』という本がベストセラーにな り、アメリカも抜かれるだろうと言われていた時期なのです。そのように、当時の東大はプレステージが高く、「アメリカのハーバードを出た人なら絶対にやらない」と、みなが言い張るのです。

「ハーバード出は絶対にやらない。『コーヒー豆を替えておけ』とか、『コピーマシンが詰まったから直せ』とか、『紙を補充しろ』とか、こんなことをハーバード出の人に言ったらすぐ辞めてしまうから、絶対にそんなことは言わない。だから、おまえは嘘つきだ」と言われました。「いや、嘘ではないのだ。本当に、日本ではこうやるのだ」と言っても、まったく納得しませんでした。

それは、日本人の上司たちが悪いところもあるのです。外国へ行くとストレスが溜まるのですが、英語がそれほど堪能ではないので、外国人には当たれません。

英語で喧嘩ができるところまで行ったらそうとうなものですが、そこまでは行かないのです。外国人をつかまえて、英語で喧嘩を吹っかけて怒鳴りまくるのはけっこう難しいので、いきおい、日本から来た年下の人をいじめる、いびるというのを、どこでもやっていたわけです。

例えば、化学品本部というところへ行った人は、本当に雑巾がけをさせられていました。薬品を扱っていることもあり、いちばん下の人には、こぼれた薬品を雑巾で拭かせていたので、本当に雑巾がけをしていました。「おまえは、それ以外するな。電話は取るな」と言われていたのです。要するに、「答えられなかったり間違ったことを言ったりするから、電話を取るな」ということですが、雑巾がけだけをしている人もいたのです。

これは、日本のカルチャーが外国へ行くとより鮮明になってしまって、日本以上に日本的になるという例でしたけれども、そういうこともありました。

威張(いば)りすぎたり、他の人に言いすぎたりしないことが大事

やはり、人間は平等であり、かつ、その人の努力や才能があった場合には、それを認めないと、神様の目から見ても公平ではないということです。

例えば、昔、世界のピアノコンクールに出て一位になった、旧ソ連、ロシア出身のブーニンという人がいます。二十歳(はたち)ぐらいで一位になりましたけれども、世界のコンクールで一位になったとたんに、先生と弟子(でし)の関係は崩壊(ほうかい)してしまったようです。もうプロなので、弟子にはなれないということだと思いますが、プロの演奏者として世界を回っていました。日本に来たときには、ファンが多かったのです。そこで日本に亡命しましたけれども、そういう目を持っているということです。才能や努力に対しては公平でなければなりません。

海外ではこの考え方はすごくはっきりしていて、私にも影響(えいきょう)はしているのです。

幸福の科学では、多少、私のその感じは残っているのですけれども、ほかの人は似てこないのです。総裁の姿を見ていても、似てきません。あまり似ずに、やはり日本的にやってしまうのです。「なぜそうするのか」ということが分からないらしく、私を見ていても似てきません。自分にされても、ほかの人にしようとはしないという傾向（けいこう）は、とても強いと思います。

もちろん、日本は日本でよいのかもしれません。年功序列で、もうそのまま行くところもありますし、それが秩序（ちつじょ）の安定には役に立つ面もあるでしょう。

とにかく、まずは人間平等があり、そして、才能があったり、あるいは業績がすごく上がったり、はっきりと「神様も認めるだろう」ということがあったりしたら、きちんと認めるというような傾向を持っていれば、「あの人は公正な人だ」という見方はされるようになるのではないかと思います。

ただ、そのやり方は難しいのです。

私の商社時代、名古屋支社のときだったと思いますが、東京本社の専務が出張で来ていたことがありました。そして、私が会社に出勤してエレベーターに乗ったときに、専務と一緒になったのです。

そのとき、専務が先に乗っていたのですが、「あっ、どうぞ、どうぞ」と言われて、「あっ、そうですか」と乗りました。「何階ですか?」と訊かれて、「すみません、三階です」と言うと、専務が「はい」と言って三階のボタンを押してくれたのです。一緒に乗って上がっていくので、あまり生きた心地はしませんでした。「ちょっとまずかったかな」と思いながらエレベーターを降りたのですけれども、そのような方もいたわけです。

たぶん、外国暮らしが長い方だろうと思うのですが、極めてフランクで、私もあそこまでは行きませんでした。当時、その人は五十六歳ぐらいだったと思うのですが、私はまだ二十代だったので、専務にボタンを押させて降ろしてもらうというのは、とてもむず痒(がゆ)い感じはありました。

ただ、上司などは、「おまえも、ああいうふうになるんじゃないか」というようなことを言ってはいたのです。まったく威張(いば)らず、ソフトな方だったのですけれども、すごく早く出世していた方ではあります。

一時期、そういう会社にいた影響もあるでしょうし、その半分は海外に行っていましたので、その影響をだいぶ受けたのだろうとは思います。

そのようなわけで、「あまり威張りすぎないこと」、「他の人に対して言いすぎないこと」が大事です。

8　三角関係のもつれや浮気による生霊の発生

女性をほめるときに気をつけるべきこと

それから、三角関係等のもつれが起きることも多いと思います。人を愛することはよいことなのですが、「人・時・所」、つまり、「どんな人がいるか、どんな時間帯であるか、場所はどこであるか」ということによって、異性に対する態度なども使い分けなければならないところはあると思うのです。

私が会社時代によく怒られていたのは、「女性の前でほかの女性をほめると、おまえ、あとで恨まれるぞ」ということです。「なぜですか？」と訊くと、「おまえ、嫉妬するだろうが。分からないのか」と言われたので、「ああ、分かりませんでした。ほめるのはいいことかと思ったので」と言っていたと思います。「女性の前では、ほかの女性をほめるな」と言われ、「そういうものかな」と思いましたが、そういうことはちょっと知りませんでした。もし、気になる方がいたら、お許しいただきたいと思います。

要するに、ほかの女性がいる前で、誰かほかの女性をほめるということは、ほめられなかったほかの女性を下に見たり、バカにしたり、無視したりしたということになるらしいのです。日本的にはそのようになることがよくあるらしいのです。聞いたところによれば、ほかの女性がいる前で、そこにいない女性や、特定の人をほめたりすると、恨まれるのだそうです。私自身はそのようにならないので、自分ではよく分からないのですけれども、一般にはそうらしいのです。

ところが、若いころから読んでいた本などには、「人をほめなさい」とよく書いてありました。例えば、デール・カーネギーもそういうことを言っていましたし、私にもそういう傾向はあったのです。

カーネギーの『How to Win Friends & Influence People』（邦題『人を動かす』）、「どうやって、友達を得て、影響力を持つようになるか」という本では、人脈をつくり、仲間をつくっていくための方法として、「ほめる」ということが、基本として必ず出てくるのです。

しかし、日本の場合は、それが必ずしも通らないことがあり、やはり、「時」と「所・場所」と「人」を見て、言ってよいかどうかを判断しなさいというところがあります。

特に、自分の好きな人が近くにいる場合などに、ほかの人をあまりほめすぎると、非常に怒り出したりすることがあるので、そこは、少々気をつけなければいけません。

もっとも、礼儀としてはそうなのかもしれません。もし、特別な関係というか、好きな恋人や婚約者、あるいは、友達でも特別な人がいた場合は、あまりほめたりしてはいけない場合もあるかもしれないので、このあたりはちょっと気をつけてもらいたいと思います。

本来は喜ぶべき妊娠・出産が離婚の原因になることもある

ほかには、浮気などの場合にも、生霊が発生することは多いと思います。

日本的な場合には、浮気の相手が外国人のときには許してくれることがありますし、浮気の相手が接客業で、仕事として男性を楽しませるような酒場やその他の所の人の場合であれば、許してくれることもあります。

ただ、相手も素人で、結婚ができるような立場にあるような人であった場合には、原則として許してくれないことが多いので、ここは気をつけなければいけないようです。

また、今、芸能界でもある例として、妊娠しているときの問題があります。結婚して妊娠しているときなどは非常に難しい時期で、女性のほうは感情の起伏が激しくなるし、男性のほうは男性のほうで、子供が生まれるとうれしいのはうれしいのですが、〝ライバル〟でもあるわけです。それは、最初の子供ができたときに分かると思うのですが、父親としては、自分の妻であり、子の母であるわけであり、二分割されていることになるため、息子なり娘なりと、自分の妻を取り合っている関係になるのです。

これは、一対一の場合です。そのときには互角の引力圏が働きます。

ところが、子供が二人になり、一対二となったら、子供のほうが圧勝し始めます。母親は子供のほうにググググッと持っていかれるので、夫のほうは二番手になることが多くなります。「とにかく月給を運んでくればいい。給料を銀行に振り込んだら、もう役目は終わっている。こちらは、子供に手がかかっているんだ」というような寂しい関係になることがあるのです。

浮気をしたいわけではないのですが、男として、昔に比べてグレードがすごく落ちたと感じます。独身時代に付き合っていたとき、あるいは、まだ子供ができていなかったときに二人で外食等をしていたころと比べたら、扱いがずっと落ちてくるわけです。「ついでに、自分の代わりにやって」というような部分がそうとう増えてくるので、少し寂しくなっていきます。

そういうときに、会社の女の子などで何となく誘ってほしそうにしている人がいたら、「今日は、ちょっと飲みに行き、帰りが遅くなるようになります。すると、「どこへ行こうか」などと言って飲みに行き、帰りが遅くなるようになります。すると、「どこへ行っていたの?」から始まって、「お酒の匂いがする」「違う女性の香水の匂いがする」などと疑われることが多くなり、「いや、そんなことはない」と言い返すわけです。

奥さんの猜疑心が募ってくると、最近では探偵を雇う人もいるようです。決定的証拠をつかまなければいけないということで、二、三十万円を出して探偵を雇い、写真を撮ってこさせるわけです。そして、出産と同時に離婚になる場合もあるようです。

ただ、男性としては、このあたりのことがよく分からずに、悩乱するのです。自分へのサービスが落ちて寂しい思いをしているから、その寂しさを少し晴らしたいという気持ちで、「このくらいはいいんじゃないか」と思い、つい、そういう所へ行ってしまう場合もあるのですが、許してもらえないわけです。

特に、ここは、男女が最もすれ違いやすいときでしょう。妻は、「自分は妊娠して苦しくて大変で、子供を産むために一生懸命やっているのに、協力すべき立場にある人がほかへ行って、もしかしたら〝よその畑〟も耕そうとしているのではないかと思うような行為を取るのは、これは背信行為の最たるものだ」ということで、責め立てるわけです。しかし、夫のほうは、「こちらは、サービスが落ちているから、かなりのところまで来ているのに、怒られると余計に腹が立ってきた」と逆ねじを巻いてしまい、「もっと大っぴらに遊んでやろうか」といった気になる人も出てくるのです。

そのように、妊娠・出産のときに、離婚になることもあります。

もちろん、個人個人のキャパシティーのところもあるので、どの程度さばけるかにもよるでしょう。日常生活から、会社の仕事から、余力がある人はいけるのですが、余力がなくなってくると、そのようになりやすいということです。

このあたりのお互いの能力や関係をどう保つかについては、努力してみてください。自分の能力、キャパシティーを超えた場合には、本来は喜ぶべきことが離婚騒動になることもあるのです。

妻が妊娠中、夫の不貞をどう捉えるべきか

ただ、こういう言い方をすると、男性的な立場に立ちすぎていて、女性からはちょっと顰蹙を買うかもしれませんが、「女性の妊娠中に、男性がほかの女性がいるような所に遊びに行く」とか、「会社の女の子を誘う」とかいうようなことがあったとしても、たいていは本気ではないことが多く、出産が終わり、子供が生まれたら、パパとしての仕事を始めるのが普通です。それまでの間は、ストレスが溜まってそうなることも多いのですが、本気ではないことがほとんどなので、男性の立場としては、「ある程度は寛容であってほしい」と思います。その分を、あとでお返しできるぐらいの余地は、残してほしいと思うところはあるのです。

ところが、妻のほうはナーバスになっているので、そういうときに、ちょっとしたことでも許さないことがあります。

例えば、「私が入れていないハンカチが、ポケットに入っている」など、こんなことがあったら、もう大変です。あるいは、「いつもの時間ではない時間に帰ってきた」「ゴルフに行っていたことになっていたのに、日焼けをしていない。おかしい」「課のなかで旅行へ行くというのが、あまりにも多い」、また、「『役員に言われたから、どうしようもなくて断れなかった』などと言っているけれども、本当かな」というようなこともあります。

なかには、ご主人が本当に残業しているか、会社に確認の電話を入れてくる人もいますが、あれは、本当に格好悪いのです。私はありませんでしたが、ほかの人のなかにはそういうこともありました。奥さんから、「主人は、本当に仕事で残業していますか」などと確認の電話が会社に入ってくるのです。これは、すぐ噂(うわさ)になります。「奥さんが電話を入れてきて、残業しているかどうかを訊かれた。いやあ、返事に困ったよ」というように言われるわけです。こういうことは、あっという間に広がってしまいます。

そういったことは、確実に給料を下げる要因になるので、上手に調整をつけてください。

夫に対して「ねぎらいの言葉」をかけ、「美徳」をほめることが大切

男性というもののつくりについては、少々失敗してしまい、もともと年中発情するように創ったのです。ですから、これについてはお許しください。そのことに、大昔、多少の関係があった者として一言言うと、人間の男性は、パンダのように、二月ごろだけ恋をして、四月になったらまったく忘れているというようには創っていないので、〝年中無休〟なのです。妻が妊娠したらグーッと貞操帯が締まってきて〝石部金吉〟になるようには、遺伝子的に創っていないので、どうしてもそういうことが起きやすいわけです。

　ここのところは、神様の見落としが多少あったので、女性のみなさん、許してください。妻が妊娠中は発情しないように設計することもできたはず。そのようなわけで、男性にはそういうときもありますが、根っからの悪人なのではなく、それは、諸般の事情により、そういうことが起きる場合もあるということです。

　ですから、妊娠中は、体が不自由になって十分にはできないでしょうけれども、せめて、心や気持ち、言葉だけでもねぎらったり、何か少しは、〝なでなでしてあげる〟努力をしたりしなければ、男性は、そういうかたちで反抗期(はんこうき)の子供のようになることがあるのです。

　このあたりについては、教えてくれる教科書がないので知らないとは思いますが、一般法則として、そういう傾向はあるということです。

　そのように、「夫が奉仕(ほうし)すべき」と女性のほうが思っているときが、最も離婚の危機になりやすいときなのです。

夫のほうは、そういうときに自由を欲して、鎖を切って走りたがる傾向があるのです。それは、やはりサービスが低下しているからなので、妻は、日ごろから、夫が仕事で頑張っているところや、家で手伝い等をしてくれたりしたときに、ねぎらいの言葉をかけたり、小さなことでもよいので、美徳というか、特質、徳があるところを何かほめてあげたりして、チョコチョコと気にかけてあげなければいけません。

「夫は大きな子供」だと思ったほうがよい

やはり、夫を、〝もう一人の子供〟だと思わなければいけないと思います。もし、子供が二人いたとしても、夫も子供のようになって、実際上は子供が三人になることが多いのです。

ですから、「夫は大きな子供だ」と思ってください。そのように、子供返りしてしまうことがあるのです。

そして、父親は子供と競争してしまうところがあるのですが、子供が大きくなってくると、今度は逆に、子供が父親と競争し始めます。このあたりは、親離れ・子離れができなければいけないところもあります。

そのため、アメリカでは、十八歳を過ぎたら、家に置かないところもあるのです。家に置いておくと、異性を連れ込んできたりして、大変なことが起きる場合もあるので、十六歳ぐらいから嫌がられ始めます。そのように、別々に住まなければ、うまくいかないこともよくあります。

やはり、家族であってもいろいろな感情が芽生えてくるので、そのあたりは、〝心理学者〟にならなければいけないところもあるのではないかと思います。

「どうやって生き抜(ぬ)くか」を学んで経験知を増やす

これは、あくまでも「個人のキャパシティー」と、それから、「身の回りのことをする能力」と「仕事能力」との両方を合わせての計算になりますが、子供時代に何もかもしてもらっていたような、よくできた家の男性の場合は、自分では何もできないこともよくあるので、特にわがままになることが多いと思います。

一方、一人暮らしが長かったような人の場合は、多少は耐(た)えられます。そういう人は、不自由でも、自分でいろいろなことをやらなければいけないことに多少は耐えられることもあります。しかし、耐えられない人もいるのです。

そういうときに、誰もが同じ方向を向いているとは限らないので、気をつけてください。

それが怨霊の発生になり、そして、その後、呪われて早死にしたり、病気をしたり、うまくいかなくなったりすることもあります。身近な人ほど、あるいは愛している人ほど、そのようになる傾向もあるのです。

また、それまで愛されていると思っていたところが、急に愛がなくなったと思われることがあると、崖から落ちたような感じで許せない気持ちになることもあります。

そのように、誰もがみな、それほど感情のコントロールが上手なわけでもないので、「どうやって生き抜いていくか」ということを学びつつ、経験知を増やしてほしいと思います。

長い人生では、夫婦がお互いに我慢しなければいけないこともある

別に、無戒律のふしだら男を擁護しているわけではありませんけれども、長い

人生のなかではいろいろなことがあるので、お互いに何回かは我慢しなければいけないこともあるでしょう。ですから、一回で瞬間的に〝切れて〟しまわないようにしたほうがよいのではないかと思います。

特に、会社勤めをしているなかでは、夫からすれば理不尽なのですが、わざと家の奥さんの気分を害するようなことをそそのかす人が、本当にいることはいるのです。悪い同僚といえばそうなのですが、「こいつは、わらしべをもう一つ乗せたら家庭崩壊する」ということを知っていて、わざと酒に誘ったり、遊びに連れ回したり、残業を命じたりする人が実際にいるのです。

ですから、夫が言っていることのすべてが嘘でもなく、本当に意地悪をされている場合もあるということです。

特に、愛妻家などという噂が立つと、愛妻家ではない人から余計に意地悪をされる場合もあるのです。

世の中は、なかなか難しいものです。聖人君子（せいじんくんし）ばかりではないので、多少の波風で転覆（てんぷく）しないように努力することも心掛（こころが）けたらよいと思います。

子供が多くなった場合には、夫婦（ふうふ）二人が、時折、初心に返れるようなときを持つことも大事かと思います。お互いに「釣（つ）り上げた魚に餌（えさ）をやらない」というような考えは、あまり持たないでください。ただ、そういう傾向はやはりあります。教えなくても、みな、そういうことをします。いったん釣り上げたら、つまり結婚したら、もうあとはサービスなど要（い）らないと思うわけです。

以前は、非常にまめな男で、一生懸命、手紙を書いたり、電話をかけたり、いろいろな所へ連れていってくれたり、プレゼントをくれたりして、「ずいぶんまめな人だ、こんな人と結婚したら、さぞ楽だろうなあ」と思ったところ、いったん結婚したら、とたんにピタッと止まり、「釣り上げた魚に餌をやらない」という、こんな人もいます。そのようなものには、ある種の文化も多少あるのかもしれませんが、人間があまり極端(きょくたん)に変わることがないように、できるだけ努力したいものです。

9　呪い返しの方法について

「信仰・教学・修法」と「鏡の瞑想」で悪念を跳ね返す

完全な人間はいないので、恨みをどこで買うかは分かりません。単なる「呪い返し」として相手を折伏する手もありますが、自分に原因がある場合もあるので、反省したり和解したりと、この世的な努力をするところはすることです。

ただ、自分は十分に反省したにもかかわらず、それでも、理不尽にも身体的な攻撃等、いろいろなものがあり、体が痛くなったり悪くなったりすることが続くようであれば、それは、もはや祓わなければいけないレベルに達していると思います。基本的には、「信仰」、「教学」、それから「修法」等でお祓いをすればよいでしょう。

もう一つは、「鏡のたとえ」があるように、自分の心をツルツルに磨き、鏡のごとく跳ね返るようにすることを常にイメージして、努力することが大事です。そうすると、鏡には、呪っている相手自身の醜い顔が映るのです。呪い返しの最終としては、この瞑想があります。

宗教的には、その前に「満月瞑想」、すなわち、満月のように真ん丸のお月様のイメージを心のなかに描くような修法をすることが大事ですが、この瞑想の次は「鏡の瞑想」です。「満月瞑想」ができるようになったら、次はツルツルに磨いた円い鏡を心のなかに描き、自分の心を透明にすることです。悪念を発しているものに対しては、それが跳ね返るように鏡に映すことで、その悪念は相手に返ります。そして、相手のほうがそれを受けてしまうようになります。

こういうことは、小さいレベルでも大きいレベルでも起きます。

例えば、宗教であれば、一九八〇年代に新しく起きた宗教が数多くありました。私も仮想ライバルにされ、幸福の科学に競争を挑(いど)んできたところはたくさんあったのですが、ほとんどのところが潰(つぶ)れたり、教祖が逮捕(たいほ)されたりしました。おそらく、ああいうものは、「鏡返し」にあっているのだろうと思います。

幸福の科学と競争し、大川隆法と競争して、似たようなことをしようとしていたものの、その内容や思いまでは読めていないことがあるので、引っ繰(く)り返って、自分のほうが逆になってしまうことがありました。新宗教の少なくとも二つのところは、教祖が逮捕されて潰れていますが、露骨(ろこつ)な競争心で競争をかけてきていたと思います。

それから、逮捕されたりはしていないものの、先発していた宗教のなかでも、「幸福の科学が後発で小さいから」と言ってバカにしていたようなところのなかには、どこかで逆転してしまい、今は向こうのほうがずっと小さくなって、幸福の科学を仰ぎ見るような感じになっているところも幾つかあります。

そのようなことは、大きな会社レベルや組織レベルでも起きるだろうと思います。特に、競争の激しい世界、例えば選挙もそうだろうし、芸能界もそうだろうし、いろいろなところがあるでしょうが、「嫉妬されているなあ」と思われるときには、最後は「満月瞑想」から「鏡の瞑想」まで入ってしまって、跳ね返していくことが大事です。そうすると、自然と勝手に自滅していくだけになります。自分は何もしなくても相手が自滅するので、そこまで攻撃しなくても返っていくと思います。

悪魔との死闘をする場合は、神仏とつながり、法友等の力を借りて集団で戦う

これ以上の大きいもの、もっと目的性を持って滅ぼそうとしている悪魔、サタ

ン、大悪魔のようなものが来た場合には、これはもはや腹を決めなければいけないので、死闘になります。

自分自身も神仏と一体になるように全力で臨みつつ、周りの法友、あるいは導師・講師等にも力を貸してもらいながら、自分一人の力で足りないものは、集団で戦うことです。特に、その中心部にいる自分は決定し、「どうしても魔を倒さねば、生き筋はない」と思ったら、そこまで頑張らなければいけません。その際、一人だけで無理ならば、ほかの人にも一緒になって戦ってもらうという、宗教ならではの戦い方をすればよいでしょう。「今、教団全体で護っている」という感じになったら、そう簡単には倒せないと思います。

その意味で、「日ごろから徳を積んでおくこと」が大事なのではないでしょうか。

もっとも、教団のなかでも「好き嫌い」はあるでしょうし、「あの人は、徳がないな」と思われている人もいるので、そういう場合は、周りの人もなかなか十分には力を貸してくれないことがあるかもしれません。したがって、日ごろからの精進や、徳を発生させる努力が必要なのではないかと思います。

最後は、ただただエル・カンターレの名を唱え続ける

最後は、しかたがありません。「もう、どうしたらいいか分からない」という、最後の最後のところまで来たら、ただただ、エル・カンターレの名を呼んでください。とにかく、心のなかで、四六時中、エル・カンターレの名を唱えてください。

それによって、昔の「南無妙法蓮華経」や「南無阿弥陀仏」の代わりにはなります。とにかく、「エル・カンターレよ、お助けください」ということで結構ですので、それを心のなかで、毎日、常に思い続けてください。それでも呪いは返

せると思います。

第2章

質疑応答

二〇二〇年六月十日

幸福の科学　特別説法堂にて

［質問者二名は、それぞれA・Bと表記］

Q1　前日の収録時に現象化した「呪い」の真相

（編集注。背景に幸福の科学の根本経典である『仏説・正心法語』のCDがかかっている）

大川隆法　昨日（二〇二〇年六月九日）、「『呪い返し』の戦い方」という説法（本書第1章参照）をしたのですが、二時間ほどの説法をしてしまいました。質疑応答をするつもりだったのですが、それをする時間がありませんでしたので、追加して、具体的事例の質問を受けたいと思います。

質問者A　よろしくお願いいたします。

実は、昨日の「『呪い返し』の戦い方」の御法話をしてくださっている途中で、拝聴者の一人が気を失い、椅子からそのまま倒れてしまうということがありました。

別室に運んだとき、首の左側に二本ぐらい手の指の跡があり、真ん中は、手のひらで押さえたときにできるように赤くなっていました。トータルで見ると、やはり、手で首を押さえつけたような跡が、赤くついていたのです。これは、写真が撮られたので、私たちもそれを見ました。

説法が終わったあと、総裁先生が霊査をしてくださったところ、「自分も、その人のポジションにいたかった」という人事的な悩みを持っている方の生霊が、作用を起こしていたことが分かりました。

それは、総裁先生がいてくださったから分かったのですけれども、もし日常生活において、そういうことがあったときに、どう対処すればよいのでしょうか。

また、「組織でやっているときには、弱い人が狙われてしまう」ということでもあるかと思いますが、そこについて、どう対処していくべきでしょうか。ある種、これも呪いなのではないかと思うのですが。

「呪いとは、与える愛の反対のこと」と自覚せよ

大川隆法　知っていただきたいことは、「呪いというのは、与える愛の反対のことである」ということです。それを自覚していただきたいと思います。

呪いの原因としては、説法でも述べたと思いますが、嫉妬がかなり大きな原動力になります。

あるいは、被害者意識、すなわち、「自分は不当に扱われている」とか、「他の人に害された」とかいう思いもあります。例えば、「他の人から陰口を言われた

とか、罠にはめられたとか、そういう被害を受けて、自分は不遇をかこってい
る」という考え方もそうです。
それから、「人事権を持っている者に対して、ほかの人が違うことをささやい
て、自分を左遷したのではないか」などと思うようなこともあるわけで、そうい
うときには、「リベンジしたい」「復讐したい」という気持ちのようなものが出て
きます。
それを人事権者に直接言うだけの力があれば、掛け合うことも可能ですけれど
も、そこまで力がなくて言えない場合には、今度は、そうではない人のところで、
まるで悪霊と同じように不具合を起こすのです。
すなわち、自分から見ると、それほど大したことがないと思うような人に対し
て、「その人が、そのセクションにいたり、そういう仕事に就いたりしているの
はおかしいのではないか」と思わせるようなことをするわけです。

ある意味で、悪魔の狙い方と同じようなことをしてしまうのです。これは、ある意味での「弱さ」です。

いちばん弱いところを狙って、そこを倒し、「この人は使えないのではないか」「悟りが低いのではないか」「もしかしたら、霊障なのではないか」などと思わせようとして、そういうことを起こすわけです。

後輩に当たる人への嫉妬が現象化した

大川隆法　昨日の案件で言えば、説法が一時間に達する前ぐらいのときに、突然、いちばん後ろのほうに座っていた方が、ほとんど垂直に固まったまま、椅子ごと倒れました。

説法をしながら、とても心配しました。何人もの方が担ぎ出していったので、本当に心配したのです。打ち所が悪ければ、首の骨を折るなど、大怪我をする可能性もあるからです。

原因を医者に訊けば、「貧血を起こしたのでしょう」とか、「体調が悪かったのでしょう」とか、いろいろと言い方はあるだろうと思います。

ただ、そのあと、別室に運ばれたとき、首に、喉輪攻めをされたような指の跡や、手のひらの跡が赤く出ていたとのことです。それは、写真にも撮られています。

さらに、そのとき介護をした人が、「もしかしたら、何とかさんの生霊が来ているのではないですか」というようなことを言ったら、赤いものがスッと消えて真っ白に元へ戻り、だいぶ楽になったそうです。〝犯人〟というか、やった人を特定したら、あっという間に、赤く出ていた手の跡、首を絞めていた跡のことですが、それがなくなったわけです。

「『呪い返し』の戦い方」という、普通はあまりないような話ではあったのですが、現象的には、説法を聴いているときに、不動金縛りをかけられたように体が硬直してお地蔵さんのようになり、そのあと直角に倒れたわけです。本人の弁によれば、「真っ暗になった」ということでした。

「調子が悪いのかな」と思ったあと、目の前が真っ暗になり、倒れていたということではあったのですが、そうとうな物理的な力まで働いているように思います。

これは、「自分が、人事的に、本来そこに座っていなければいけないのに、そこに座ることができない。ほかの人が座っていることに、納得がいかない」という思い、つまり、後輩に当たる人へのある種の嫉妬が、その人は死んでいるわけではなく、生きているにもかかわらず、その人の表面意識と、もちろん潜在意識の魂のきょうだい等の力もあって、現象化したということでしょう。

そういうことがあると、場合によっては、倒れた人について、「この人は御法話を拝聴するべき人ではないのではないか」「霊障なのではないか」などと、みんなが思うかもしれません。つまり、「そうなれば、自分は戻れるのではないか」というようなことを、計算したのではないかと思います。

呪い返しの方法①――「誰の呪いか」を特定する

大川隆法　この実例から分かることがあります。

今回はたまたま宗務本部で起きたことだったので、介護に当たった人が、霊感的に「誰それさんではないですか」と言ったわけですが、相手の名前を言い、名前がバレた瞬間に、首を絞めている赤い跡がサッと消えたのを見れば、エクソシスト系の映画で、「サタンよ、名前を名乗れ」と言って、霊が名前を言ったなら、だいたい終了に入っていくのと同様に、「自分が誰であるかがバレたら、いられなくなる」ということです。

知られないと思っているからできていることであり、誰がやっているかが分かった段階でできなくなるということですから、これは一つの方法ではあります。ですから、呪い返しとしては、「誰の呪いか」ということを特定することが非常に大事なのです。

「今、自分のことを思って、生霊が来るとしたら誰だろうか。誰が、今、私を呪うようなことがあるだろうか」ということを思えば、普通は分かってくることが多いでしょう。

「誰が強く嫉妬しているか」「誰が逆恨みしているか」「誰が『自分は不当な扱いを受けている』と思っていそうか」「私がいなくなったら、誰が『帰ってきたい』と思うか」「家に入りたいと思っているか」などと想像すれば、だいたい絞り込めてくるのです。

そして、相手を特定すると、かなりの部分、呪い返しは進んできます。

呪い返しの方法②――鏡に相手の姿を映す

大川隆法　特定したならば、次は、鏡面瞑想(きょうめんめいそう)ではありませんが、鏡に相手の姿を映すことです。それによって、相手は自分自身を見なければいけなくなります。

自分がやっている「呪い」という行為(こうい)は、要するに、相手に対するマイナスの行為であるし、相手を罰(ばっ)しようとしたり、その地位や立場などを奪(うば)い返そうとしたりする行為です。それは、「与える愛」に反する行為、慈悲(じひ)でもなく愛でもない行為であって、相手を傷つける行為です。

また、他の仲間から見れば、サンガのなかでの取り決めやルールなど、みなが決めたことに対する不当を訴(うった)えているのでしょう。しかし、そのようなやり方をしないと自分の意志が通らないということであれば、それ自体が、「その人が、今、そこにいない理由、いなくなった理由」でもありましょう。要するに、本人が思っているほど、心境が高くないということです。

それから、人間関係の調整能力が低いということでもあるし、ある意味では、〝自己中〟であることも確実であろうと思います。

〝自己中〟の人というのは、自己実現を妨げる人がいる場合、「この人をどけてしまえば実現できるのに、この人がいるために、そうならない」というように考えてしまいます。そのため、ライバルを蹴落としたり、自分が必要な状況をつくろうとしたりするわけです。

呪いとは、「相手を不幸にしたい」という思い

大川隆法　「呪い返し」をするというのは、現代的にはとても珍しく、数少ないことだとは思います。とはいえ、特別に思い当たることはないのに、体に突如、異変が起きたりする場合、誰かの呪いを受けていることはあります。

呪いというのは、「相手を不幸にしたい」という思いです。不幸にすることによって、実は、何らかの自己実現を図ろうとしているのです。それは、何かを訴えているということでしょう。本当は、直接訴えたいのだけれども、できないために、遠回しにやろうとしていることが多いのです。

力が拮抗していれば、例えば、「自分のことを悪く言った」というような人に対して、直接倒しにかかることもできるでしょう。しかし、自分が悪く言われたことで左遷されるようなことがあったとしたら、自分を悪く言った人の言うことがきかれたわけですから、そちらのほうに力がある場合が多いのです。

そのため、呪っても勝てないことがあるので、間接的に、その人の手足になっているような人など、ほかの人を狙う場合もあります。

あるいは、不成仏の先祖霊のようなもので、「悪いことが起きることで、何かを悟れ。『今、不幸せな人がいるのではないか』ということに気づけ」というようなやり方になるわけです。

呪い返しの方法③——相手と心のなかで対話する

大川隆法　したがって、呪いをかけられていると思うなら、できれば、「その相手が誰か」ということを心に思い浮(う)かべてみることです。

たいてい、一人浮かんでくるか、多くても三人程度、二、三人しか出てこないと思うので、「思いついた人に対して、心のなかで対話してみる」というのは、一つのやり方ではありましょう。

その際、よくしてくれたことに対しては、感謝することが大事です。ただし、相手が、今、不本意な立場に置かれていて、その人自身に間違いがあったり、勘(かん)違(ちが)いしたりしているような場合は、やはり、「ここがまずかったのではないでしょうか」ということについて、言わなければいけないと思います。

私の場合、実の子供でもそのようなことが起きることはありました。周りからちやほやされていた子供を偉(えら)い地位に就けたものの、「仕事ができない」ということでその地位から外すと、子供が逆恨みして暴(あば)れるようなことは、私にもあったのです。

ですから、これはほかの人にも起きることではあろうと思います。

仕事のレベルアップが必要な時期に「自己変革」できるか

大川隆法　あるいは、何年か勤めていて、ある時期には、「とても役に立っている」と、ほめられていたところがあった人もいるでしょう。

もちろん、その「ほめられていた」ということは、本当かもしれません。しかし、何年かすると、だんだん、もう少し仕事のレベルアップをしなくてはいけない時期が来ます。

ところが、後輩が入ってきたりしてレベルアップしなくてはいけない時期に、レベルが上がらず、「自分はいつものまま、今までどおりのままでいるのに、評価が変わったのはおかしい」と感じるような人もいるのです。

やはり、年齢相応、経験相応に、もう少しできなくてはいけない部分があるのですが、「自分はこれで、もう出来上がっているのだ」と思うような人の場合、そのようなことがあるわけです。

あるいは、本人にとっては不本意かもしれませんが、あとから、もっと能力の高い人が入ってくる場合もあります。そうすると、そうした能力の高い人を使わないのは宝の持ち腐れになるので、使おうとするでしょう。組織としては、アメーバ的にでもよいし、どのようなかたちでもよいので、前進していく方向を必ず選びます。そのため、その人を使えるような方向で考えようとするのです。

そうしたときに、「何か杭のように、田んぼのなかに刺さって動かないような人がいて、その人が邪魔になって、どうしても仕事が進まない」というようになると、異動が起きることがあるわけです。

やはり、組織そのものも〝生き物〟なので、組織が発展して長生きできるように動いていくのです。ですから、「かつてほめられたから、自分はそのままでよいのだ」と思うのは間違いです。

また、自己実現としては、一方的に自分がよりよい方向に取り扱われることばかりを願っているかもしれませんが、それは、ほかの人もみな同じです。「みなを、よい方向に」というかたちであれば、お皿のような感じで、お皿そのものを持ち上げるような感じになりますが、組織はだんだんピラミッド型になっていくので、上に行くほど数は少なくなっていきます。

ですから、「選別はかかる」ということです。それについて、納得ができるでしょうか。あるいは、自分の足りざるところを反省できるでしょうか。あるいは、勉強の足りないところを勉強するなり、人の言葉を素直に聞くなりして、自己変革を起こすことができるでしょうか。

それができなければ、「要求されている水準まで来ない」ということになるわけです。

呪っている人の間違いを教え、悟らせよ

大川隆法　ですから、「霊的に」ではあっても、「他の人の首を絞めてでも、倒したい」というような気持ちを持っているようでは、残念ながら、巫女的な使命のある者としては、あまりよろしくはないでしょう。

それは、どちらかといえば、邪悪な存在になっているということです。「外から来る外敵を倒している。教団を護っている」というつもりなのかもしれませんが、現実は、内紛要因や、内部の混乱要因になっているわけです。

それは、チアダンスをやってみても分かると思います。例えば、一人だけ周りと違う動きをしたり、みんながやるジャンプができなかったり、ポンポンを飛ばしてしまったりしたら、全体が引っ張られるでしょう。

そのように、やはり、組織のレベルというものがあるとは思うので、そのあたりのところについては、自己反省をしなければいけないわけです。

しかし、今回、私が「『呪い返し』の戦い方」（本書第1章参照）という説法をしたために、「呪いが表面化してしまった。思っていることが、実際に出てしまった」ということでしょう。

要するに、呪いをかけていたのだと思いますが、それが表面化・実在化することでバレてしまったため、できなくなってしまったのです。周りの人に、「あの人が、この人を呪ったのだ」ということを知られてしまえば、もう、それはできなくなるわけです。

　また、そのようなことをできないように、だんだん、説得されたり、位置を替えられたりすることもあれば、場合によっては、仕事を変わらなくてはいけなくなったりすることもありましょう。

　結局、自分が自慢していたり、得意だと思っていたりする領域が、そのままずっと通用すると思うところに、間違いがあるのだと思います。

　このように、「相手が誰か」ということを特定するとともに、先祖供養と同じですが、「相手の間違っているところは、どこなのか」ということを、因果の理法に基づいて教えてあげられたら、特によいのではないかと思います。

　そして、最後は、「このサンガに帰依する気持ちを持っていなかったということを悟れ」ということでしょう。

　やはり、サンガの決定に従わなければいけないのですけれども、「自分だけ特別だ」という思いが、こういうことを引き起こしているということです。

まずは「心のなかで説得」し、それでも続くならば、直接話をする

大川隆法　そうした悪い実例になったこと自体が、すでに下り列車に乗っているということに、実際上なるでしょうね。

人間だから、ちょっとでも好かれたい気持ちはあるし、人を押しのけてでも好かれたい気持ちもあるし、あるいは、「自分はそのままであるのに、ほかの人が上がっていくのはおかしい」などと思うこともあるとは思うのですが、「そうしたことを客観的に見えるかどうかが、管理職として上に上がれるかどうかとも関係があるのだ」ということを知ってもらいたいなと思います。

「とりあえず、原因を特定して、理由を説明する」ということは、不成仏な霊を説得する一つの方法ではあります。「ある程度、自分にも親和性があった」と思うような人の場合は、単に「電撃一閃」のような感じで飛ぶかといえばそうで

はなくて、一瞬離れても、また戻ってくるので、納得させないと無理ですね。

質問者Ａ　では、呪いを返すためには、「心のなかで、説得を試みること」をやっていかなければいけないということですね。

大川隆法　まずは、そうですね。それで済む場合もあります。ただ、それでもまだ続くというのであれば、ちゃんと直接話をしなければいけませんし、自分では無理ならば、ほかの人に代わりに話をしてもらうことも大事でしょうね。

「組織のなかで〝ガン細胞〟になったら〝外科手術〟される」と知る

大川隆法　しかし、なかなか理解ができないから、そういうことが起きる場合があり、納得しないことがあります。

それが、組織のなかで〝ガン細胞〟のようになってきた場合はどうなるかというと、体の細胞はみんな役に立っていたものですけれども、そこが腫瘍化してきて、あまりにも悪性になったならば、組織から〝外科手術〟をされることになります。

質問者A　「組織自体の仕事に対して妨害が大きすぎることになると、悪になってしまう」ということですね。

大川隆法　そうです。

もし、「私ほどの人が、こんなところにいるのはおかしい！」とか、「こんな扱いをされるのはおかしい」とか、「仕事ができないと言われるのはおかしい。そう言っているほうが悪い」とかいうのが正しければ、それは正されなければいけないとは思うけれども、みんなが正しいと思わないなら、「自分自身に、見えていないところがある」ということでしょう。

自分は、鏡で自分や他人を映しているつもりでいるかもしれないけれども、「自分の鏡の裏側は見えない」というところがありますからね。「実は、足りないところはある」ということですよね。

質問者Ａ　はい。ありがとうございます。

Q2　抜擢(ばってき)後、「呪(のろ)い」と感ずる不調があった際の対処法

質問者B　もう一点、お伺(うかが)いします。

会社の人事などでもよくあることかもしれませんが、「ある人が『行きたい』と思っていたポジションに、別の人が抜擢(ばってき)されて就(つ)く」といったこともあると思います。

そういった場合に、抜擢された人の首が痛くなったり、頭が痛くなったり、すごくクラクラしたりといった呪(のろ)いと感じるようなこともあると思うのですが、そのような状態になってしまった際の対処法がありましたら、教えていただければ幸いです。

自己愛の強い人の場合、鬱憤が溜まると攻撃性に変わる

大川隆法　先ほどの事例と、ある意味では類似しているとは思います。自分が元いた部署に残っている人、あるいは、抜擢された人が上から愛されていることに対して、非常に不満を持っているわけですよね。自分が愛されずにそちらが愛されることに納得がいかないということなのでしょう。

しかし、実は、「周りの人や、その上の人がどのように見ているか」についてあまり分かっていないことが多くて、「自分中心」に考えているわけです。「自分対全地球」のような感じになっていて、「とにかく、自分が輝くために、この世は存在しているのだ」とか、「自分の輝きを止めるというか、曇らせたり、日陰にしたりするようなものがあったら、もう許せない」とか、そこまでの自己愛を持っている人もいます。

こういう人の場合は、鬱憤が溜まると攻撃性に変わってくるということです。こういうことがあって、「首が痛い」とか、「肩が痛い」とかいろいろな現象が起きるのですが、それは、「何とかして、そのポジションからどけてやりたい」という気持ちを持っているのだろうと思います。しかし、それが実現できないわけです。

そのようにライバルのほうへ行くということは、人事権者は上にいるはずなので、本来ならば上のほうに直談判して、「これはおかしい」と言いたいところだけれども、おそらく、それができないでいるということです。

要するに、「ライバルのほうも同じようにしろ」というようなことで、それで「心がすっきりする」ということなのだと思います。

ただ、これは、地獄霊などが、「自分は天国には上がれないけれども、ほかの人を地獄に堕とすことですっきりする」ということで、地上にいる人に取り憑いて地獄に引きずり込むというのと、ある意味で同じようなことですよね。「相手を撃ち落としたい」といった気持ちがあるということです。

「周りが活きる」ということは、「その人に能力がある」ということ

大川隆法　ところが、相手のほうが本当に力が強い場合とか、本当に周りから評価を受けている場合とか、上にある人が認めている場合、「貢献度がどうか」「ポテンシャルがどうか」、その他いろいろと自分と比較してみると、たとえ自分一人の能力が高くても、その人を上げることで周りが不幸になるというか、不調和になる場合もあるのです。

能力がある人はいることはいるのですが、それでも、上がらないと、必ず不平不満を言います。

確かに能力がある場合もあります。ただ、その人を上げることで、ほかの人が

不調和になってしまうような場合は、組織全体がマイナスになるので、できなくなるのです。

ところが、その人を上げても不調和にならないで、周りとしては、よりよくまとまったり、仕事がスムーズになったりする場合、一見、「能力がある」と思っている人は、その人に対して「自分より能力が低い」とか「平凡だ」とか思ってしまうのですが、そうではありません。「周りの人が活きる」ということは、「実は、その人に能力がある」ということなのです。

小さいうちは、あるいはヒラに近いうちは、「自分が頑張れば、頑張っただけ評価される」というところがあります。短距離走のように、五十メートルや百メートルを走り、そのタイムや何着かといったところで上か下かが決まるのです。ところが、マラソンのような長い戦いになると、ある区間だけは一生懸命に走ったからといって、それで認められるわけではなく、途中でリタイアしたり、あるいは怪我をしたり、抜かれていったりと、いろいろなことが起きるわけです。

そのように、自分のいちばんよいところを見せられる時間というのは短いことが多いので、だんだんと、表も裏もみな見られるようになっていきます。

そうすると、結局、自然体でやっていて、落ち着きのいい人が、そういう場所に就くことになるのです。それは、つまり、その人がそこにいても、周りには害が起きず、その人自身も少しずつ向上していき、そして、やはり、たいていは「組織の理念」や「目標」等があるので、それらにとってプラスの方向に行くということなのです。

「シンデレラ・コンプレックス」を持つ人が気をつけるべきこと

大川隆法　女性の場合は、特に、「シンデレラ・コンプレックス」というものもあります。「自分は本当の娘ではなく、下女のように扱われていたが、あるとき、王子様に気に入られて、そして、プリンセスになる」というような夢を見ていることがあるのです。

実際、そういうことが起きる場合もあります。あくまでも仕事として、実の娘たちよりも下の仕事をさせられていたが、そちらは「仮の姿」であり、本当はそういう人ではなくて「光り輝く人」であったならば、そういうところに就けられていても、それなりに変化してきて、周りから認められるようになってくるものです。

ところが、「卑(いや)しい仕事をさせられていた」と思っていたかもしれないけれども、本当にそのとおりの姿が実像であった場合は、運よく王子様の目にかかって上に上がったとしても、周りから、「どうもプリンセスには見えないな」というように見られ、いろいろと評価をされるようになってきます。そうすると、周りで自分のことを批評したり、悪く言ったりするような人を、叩(たた)き落としたり、除(の)

けたりしたくなるわけですが、そういうことをしていると、「徳のない人だ」と言われるようになってくるわけです。

したがって、シンデレラ・コンプレックス的な人が、一躍バパッと何かを評価されて上がることがあっても、そういうときこそ、福徳が自分に来たことを惜しむことが本当に大事になります。「いや、これは自分自身の力ではなく、たまたま誰かの好意によって、そういう福運が自分に舞い込んだだけなので、実力ではありません」という謙遜の気持ちが出てくることが大事なのです。

努力もせずに威張っていると、人心は離れていく

大川隆法　力の足りない部分については努力をしなければいけないのに、偉くなったからといって、急に威張り始めたり、横柄な態度を取ったり、周りの人を見下すようになったり、あるいは、プリンスに選ばれたことにより、虎の威を借る

狐のようになったりし始めたら、人心が離れていくのは当然のことです。

また、その場合、自分自身がプリンセスとして輝けないだけではなく、プリンスのほうの評判まで下げてしまうことがあります。両方の評判が下がっていくと、だんだんと組織とは疎遠になっていき、駆け落ちではありませんが、脱走のようになっていくことがあるので、ここのところを気をつけなければいけません。

こうしたことは、ルイ十六世とマリー・アントワネットの例でもよく言われています。

マリー・アントワネットは、大きなハプスブルク家から嫁に来ましたが、生活レベルを下げたくないので、わがままを言っていました。結局、結婚して王様になった人も、マリー・アントワネットと共に国外逃亡しようとしたものの、最期はギロチンに遭ってしまったのです。

やはり、人の上に立つ者は、「人心が離れる」ということに対して、非常に警戒(かい)しなければいけないし、「多くの人の心を分かってくれる人を、みんな求めているのだ」ということを知らなければいけません。

自分の立場を当然と思わず、人々を愛することを学ぼう

大川隆法　要するに、「自分を認めてくれるのが人民であって、自分を認めない者は人民ではない」というようなものは横暴な専制君主であるため、基本的に、追い出されるか断罪されることになるのです。

したがって、自分にそのような傾向(けいこう)が出てきていると知ったならば、やはり、もう少し人民を愛する、人々を愛することを学んだほうがよいと思います。

やはり、「民(たみ)は水なり、君主は舟(ふね)なり」で、水能(よ)く舟を浮(う)かべさせるのだけれども、水はまた舟を引っ繰(く)り返すこともあるということです。洪水(こうずい)で引っ繰り返すこともあるということを知らないのです。舟は「自分が水より上にいる」と思

っているかもしれないが、それは、水が下で支えてくれているから浮かんでいられるのであって、いったん、水が荒れ始め、激流になったら、舟は転覆して沈んでしまうということを知らなければいけないのです。そういうものだと思います。民心というのは常に揺れて動いているので、やはり、それをよく知らなければいけません。こういう振る舞い方ができなければ、「徳がない」ということになります。

気をつけなければいけないことは、勝手に運命づけられているものとして、「自分はそういう運命で、こういう人間なのだ」というようなことを、本当に先天的なもののように考えてしまうことです。それには間違いが多いと思います。「先天的に自分が選ばれるべき運命だったのだ」ということばかり思っているようであれば、反省もなければ、インプルーブ（進歩）もないということになってしまいます。

そうではなく、逆に、自分のほうによい運が転がり込んできたのであるならば、これは、本当に、本当に、運命の女神のサイコロが、たまたま当たったのかもしれないというぐらいの気持ちで努力していくことが大事なのだろうと思います。そして、身分が上になったり、地位が上になったりした人が下の人を逆恨みしても、たいてい、それが自分を上げることにはならず、余計に悪代官のような感じに見えてくるだけです。

下にいる民から見れば、上にいる王女様あるいは女王様等が得意満面になって鼻の穴を膨らませているのがよく見えるのです。しかし、本人は鼻の穴を膨らませているのが分からないことがあるのです。「当然です」と思っていることでも、普通の人が「当然です」と言うのと、女王様が「当然です」と言うのとでは重みが違うわけです。「当然ではないでしょう？　私たちが応援しているから、税金を納めているから、そういうことができるのでしょうが」という気持ちになってくるわけです。

　ですから、ある程度、みな、我慢をしてはくれるのですが、そうは我慢してくれなくなってきたと思うのであれば、それは限度を超えたということです。いわゆる「受忍限度」を超えたということになるので、やはり反省は要るでしょう。ましてや、自分と同じような立場に立った人を攻撃するような心は、やはりさもしい心だと思います。

　それは、外見的なものに惹かれやすいタイプで、ある意味では、この世的な人であることを示しているのです。

　したがって、他の人が、今、そういう立場に立たされたとしても、嫉妬を受けるのは同じはずです。高い立場に立った人が、自分と同じような感じになった場合、嫉妬を受けるのは同じはずなので、それがもし受けずに、誰からも支持されているというのであれば、それだけのものがあるということです。

上に上がっても嫉妬されないタイプとは

大川隆法　「なぜ支持されているのか」ということを考えれば、それは、努力を何かしているはずなのです。

「自制心」や「謙虚さ」というものは、道徳的によいと言われているだけでなく、実際上、人の心をつなぎ止め、他の人々に毎日を幸福に過ごしてもらうためには非常に大事なものでもあるということです。

ですから、上に上がっても嫉妬されないタイプの人はどういう人かというと、簡単に言えば、自分が出世すればするほど、自分に厳しくなるタイプの人なのです。「これ以上にもっと努力しなければならない」と思うような人でしょう。

一方、出世すればするほど、「自分は偉いのだから」と威張って周りを腐したり、悪口を言ったり、攻撃したりするような人、目下扱いし始めるのが早い人などは嫌われます。もう、単純なことなのです。

上がれば自分に厳しくなる人は、もっと上がるのです。ところが、上がれば自分に甘くなり、他人に厳しくなるタイプの人は、水に舟を引っ繰り返されるかたちが出てくるわけです。

そのため、引っ繰り返されると見たら、その前に、人事権を持っている人、人事権者が、〝水〟が反乱を起こして〝舟〟を引っ繰り返さないように遠ざけたり、他人の目につかないようなところに移したりするというようなことが起きることもあります。

どちらの例も同じですけれども、やはり、「自分自身を知る」というのは大事なことです。日本には「実るほど頭を垂れる稲穂かな」という言葉がありますけれども、それはいつの時代でも同じなのです。

本当は、自己実現を求めても何かが足りないために、それを埋めようとしていることもあります。

例えば、「貧乏をしたから、お金持ちになりたい」と思って努力する人もいるでしょう。しかし、だんだんお金が貯まってくると横柄になってきて、『クリスマス・キャロル』のスクルージのように、みんなから嫌われていくのであれば、金持ちになったことで、もっと悪人になるということになります。

「貧乏だったので、もっと自己表現をして、いいかたちになりたい」と思い、いい車を買ったり、いい家を買ったり、散財したり、羽振りのいいところを見せたり、いい服を着たりして、お金があるように見せたくなるでしょうけれども、ただ、そういうときに、その心根がどうであるのか、みんな見ているということです。

やはり、「実るほど頭を垂れる稲穂かな」という気持ちを持っていなければ、嵐に遭ったり、雷に打たれたり、ネズミにかじられたりと、いろいろなことが必ず起きるということです。

二宮尊徳(にのみやそんとく)の「たらいの水」のたとえから学ぶ「徳」のあり方

大川隆法　今の質問であれば、誰が、首を痛める念を送ってきているか、相手が特定されれば、「念返し」ができるようになります。「あの人だな」と思ったら、「こういうことをするようなら、本人が願うような扱いはまだまだできないな」ということになり、それとは逆になってしまうわけです。

例えば、「たらいの水は、手前に引こうとすれば水が逃(に)げて、向こう側に行ってしまうけれども、向こう側に水を送ろうとすれば、グルッと回って自分のほうへ戻(もど)ってくる」と言った二宮尊徳(にのみやそんとく)の例を私はよく言っていますけれども、それと同じでしょう。「ほかの人のために仕事をしよう」と思っていると、自分自身に徳が戻ってくるのですが、ほかの人のものを取ってでも自分のほうに持ってこようとすると、今度は逆に逃げていくということです。

何かで評価されたということは、それだけでも十分に成功したということであるので、さらに新しい、評価されるような努力をしなければ、それ以上は進まないでしょう。それにもかかわらず、既成事実として、さらに上を目指していくと、奪い続けていくしかなくなるわけです。

その人を支えている人から見れば、税金がどんどん上がっていくような、税率が上がっていくような感じでしょうか。その人を偉くするために税率が上がっていくような感じに見えるということです。そのため、支持を失うわけです。

「仕事論」が分からないと、諫言が悪口に聞こえる

質問者A　お聴きしていると、呪いとは、結局、感情論のところから生じるものではないでしょうか。

大川隆法　そうです。感情論です。

質問者A　呪っている側の人としては、「なぜ、自分が就きたい地位に就けないのか」ということを感情で考えているところが大きいと思います。

ただ、実際のこの世的な仕事論としても、その役職において求められる能力や人柄(ひとがら)、具体的なことについて、実際は分かっていないのではないでしょうか。

大川隆法　そうです。

質問者A　だからこそ余計に、自分がその地位に就けないのだと思いますが、やはり、もっと地に足をつけて考えることも必要だということでしょうか。

大川隆法　「仕事論」として、この仕事にはこういう能力が必要とされる、こういう仕事が必要とされるということが分かっていれば、ほかの人が言っていることも分かるのです。しかし、この今の地位や、この仕事にはこういうものが要求されるということが分からない人は、ほかの人からの諫言、つまり、下から「こうしたほうがいいですよ」「これは間違っているのではないですか」ということを言われると、耳触りが悪いし、腹が立つので、それをきかずに退けてしまうわけです。

やはり、悪口を言っているようにしか聞こえないのです。仕事を改善するように言っているのに、それがまったく耳に入らず、悪口にしか聞こえません。

それで、他人を遠ざけたり叱ったりするようになるのですが、ほかの人は「この人には言っても無駄なのだな」と思うと、言わなくなるわけです。

結局、能力がそこまで行っていないということです。

もちろん、未熟であっても、「この人には可能性がある」と思って上げてみることもあります。ただ、その間に不都合がたくさん起きてくると、残念ながら、上げたものを、もう一回、考え直さなければならないということが起きるのです。

「謙遜の気持ち」「自制する気持ち」が自分を護る

大川隆法　もう一つは、努力して能力がつけばよいのですが、そこまで行かない場合には、「自制する」というのも大事なことです。「自分は自分で、別に変わっているわけではないのだ。周りが取り扱いを変えてくれたけれども、自分自身は別に何も変わっているわけではない。そんなに威張るようなことは何もしていないのだ」という謙遜の気持ち、自制する気持ちを持っていれば、自分を護れると思います。

要するに、欲が少なく見えたり、自制していたり、謙遜な態度を取っているように見えたりする人は、諫言というか、「あなたは、ここが間違っています」「ここがおかしいですよ」「仕事はこうしたほうがいいですよ」ということを、周りの人から声で言われなくても、もう感じられるのです。

そうした美徳を身につけられない人は、生霊（いきりょう）、生き念を送ったりして、その人の体調を悪くしたりし、「おまえも引きずり下ろすぞ」という感じのことをやるのです。あるいは、そういう障（さわ）りを起こすことによって、「不遇（ふぐう）な人がいることに気づけ」というようなことを言っているわけです。

これは人間にはしかたがないことです。分からないのです。実際に昇格（しょうかく）させてみたり、あるいは結婚をしてみたりしないと、どうなるか分からないことがあって、変わる場合もあるのですが、いいほうに変わる場合と、悪いほうに変わる場合と、両方があるのです。

質問者A　そうですね。チャンスを与えられるまでは、本人たちは「チャンスがあるかな」と見込まれるぐらいのところに来てはいたのでしょうけれども、先生の御法話で、よく、「人は『下げるだけではなく、上げてみてどうなるか』ということも見られるのだ」と教えていただいています。そこは、自分たちが気をつけなくてはいけないところです。

大川隆法　教えとしては分かっていても、「自分には適用されない」と考えるわけなのです。

Ｑ３　呪（のろ）いを跳（は）ね返す「鏡瞑想（かがみめいそう）」のポイント

質問者Ａ　同じ人間なので、その気持ちはすごく分かるところがあります。ただ、「その人たちの気持ちも分かるなあ」とずっと思っていても、「組織的に、その人たちの言うことをきいてあげることはできない」ということで、その呪（のろ）いがあまりにも長引く場合には、やはり、何かしら心のなかで「打ち返し」は必要なのかなと思うのです。

その一つとして、「鏡瞑想（かがみめいそう）」というものを教えてくださっているのですが、それは、おそらく、宗教修行（しゅぎょう）のなかで無私・無我（むが）修行に通じる道だとは思います。

その「鏡瞑想」を修行したいと思う場合に、一般（いっぱん）の方々にも分かりやすいアドバイスとして、ポイント等が何かあれば、短くて結構ですので、教えていただければと思います。

「等身大の自分」を知り、分相応であれ

大川隆法　まずは「等身大の自分を知る」ということです。「等身大の自分が分かる」ということは、「いわゆる八正道等の難しい手続きをしなくても、ある程度、自己の客観視ができている」ということではあります。

ですから、今使っている権力なり、発言なり、他人に対する評価なりが、「等身大かどうか」なのです。

周りが認めていない人にもっと権力を与えるとどうなるかというと、もっと独裁者的になって、悪政を強いるようになるわけです。それは大きな国家レベルでもありますけれども、小さな会社でも起きることなのです。

オーナー企業で息子に跡取りをやらせようとしても、その息子が、横柄なことを言ったり、人に対して厳しすぎたりし、父親が苦労した部分を経験しないまま、そういう地位に当然就けるものだと思っていると、そのあたりを周りから見られて、人心が離れていくのですが、それが分からないわけです。そのようなことでしょうか。

「会社のレベルでも〝神〟になってしまう人はたくさんいる」ということです。でも、会社が公器、公の器として機能するためには、社会的に見ても分相応のことをしなければいけないようになるのです。

「仕事をしていないのに〝飾り〟だけで偉くなる」というのは難しいことです。〝お飾り〟だけで存在できるには、皇室などもそうですけれども、人間としての自由意志を放棄しなくてはいけないこともあるわけです。「このとおり動いてください」と言われたとおりにやらざるをえないこともあるのです。

「自由意志を行使しながら〝飾り〟でいたい」というのは甘い話です。「実質的な仕事は、ほかの人がやれ。自分は〝飾り〟なのだから」と片方で言っていながら、片方では「自分の自由意志で好きなようにやりたい」というような思いを出してくる場合には、「わがまま」ということになります。

呪いが長引く場合には、双方に能力的な問題がある

質問者A　「鏡瞑想で打ち返すためには、自分自身、その打ち返す人のほうも、『等身大の自分』を知り、心をできるだけ無私・無我な心境に維持していくことが大事だ」ということですか。

大川隆法　呪われる側にも原因がある場合もあります。「気がつかずに人を傷つける」というのは、いくらでもあるわけです。

質問者Ａ　そこは反省するとして、でも、あまりにも長引く場合はどうでしょうか。

大川隆法　あまりにも長引く場合には、おそらく「能力的な問題」があると思います、双方(そうほう)にね。双方に「能力的な問題」はあるだろうと思います。

呪われ続ける人の場合、たぶん、「能力的に何か足りないものがあって、本人が気づいていない」ということですし、呪い続けている人にも、「一定の何かの才能があるにもかかわらず、それよりもマイナスのところをみんなが評価し続けている」というような状況(じょうきょう)があるのではないかと思います。

長引く場合には、「納得(なっとく)していないものが両方にある」ということでしょう。

一定の時間で、だいたい、みな納得はするものですが、納得がいかない場合には、「根本的な部分で何か問題がある」と考えられます。

質問者A　周りは納得していても、本人だけがずっと納得しないということですか。

大川隆法　はい。最後には、昔であれば、切腹なり国外追放なり、いろいろなものがあったと思いますが、今だと、会社なら「会社を辞める」ということになっていくでしょう。どうしても気に入らなくて、「あの人が社長なら、もう辞める」とか、「あの人が部長なら、もうこの会社を辞める」とか、そういったことは現実にあるわけです。

日産の問題に見る根本的価値観のズレ

大川隆法　ただ、そういうことが特殊な人、一人だけで起きたのではなく、同じようなことが次々と起きるなら、「その社長なり、部長なりに問題がある」ということになってくるのです。そういうことはありましょう。

日産のような問題でも、そのトップをみんなで追い出したりするような場合には、「自分のことしか考えていない」というように思われた面もあるのだろうと思います。あるいは、フランス的な価値観と日本的価値観との違いがあったのかもしれません。価値観が合わないところです。「トップにはそれだけの権力とお金が入って当然だ」と思っている価値観と、「もう少し平等性の強い価値観のほうが正しい」と思っている日本的価値観とがぶつかったような部分もあるかとは思います。

このように、根本的価値観にズレがある場合には、解決のつかないこともあり、第三者が裁定するか、片方が完全に転落してしまうようなところまで行くこともあります。

「誰が正しいか」ではなく「どうあることが正しいのか」を中心に考える

大川隆法　あとは、どうしても「誰が正しいか」という考え方に、全部すぐに行きがちであるけれども、誰かが完全に正しくて、誰かが完全に間違っているということもない場合が多いので、「その組織にとっては、どうあることが正しいのか」といったことを中心に考えなければいけないということでしょう。

「誰が」といっても、「その人がやることは、すべてパーフェクト」ということは、普通ありません。あるところはよくても、別のところには害が必ず出てきます。それは、ほかの人の幸・不幸との関係で判断されるべきでしょう。

質問者Ａ　ところで、「呪い続けることが能力のある証拠（しょうこ）だ」というように思って呪い続けることも、悪なのでしょうか。

例えば、「自分には能力がある」と思って呪い続ける。組織の決定を覆（くつがえ）そうとする。あるいは、好きな異性をずっと取り戻（もど）そうとし続ける。そういう人がそのまま死んだ場合は、天国にスッとは還（かえ）れない心境だと思いますが。

大川隆法　それはケース・バイ・ケースです。

質問者Ａ　例えば、早良親王（さわらしんのう）も、ずっと呪ったまま死んでしまったのだろうとは思うのですが、やはり、怨霊（おんりょう）のようにずっと伝えられてはいると思います。

大川隆法　アメリカであれば、創業者が役員会で解任されたりすることもあります。そういう場合は、なかなか成仏はしないでしょう。

そのように、自分がつくった会社なのに解任される場合もあるわけですが、それは、「会社は誰のものか」という問題でしょう。小さいときは、確かに社長のものかもしれないけれども、大きくなってきたら、もう少し公共物になってきます。

ですから、「会社の価値を下げていく」とか、「未来を失わせる」とかいうことになると、役員たちの意見のほうが正しいこともありえるでしょう。また、役員たちではなく、労働組合の人たちの言っていることが正しいことになる場合もあるでしょうし、外のマスコミや評論家などが言っていることのほうが正しいこともありえます。

そういうわけで、大きくなってくると、外からのいろいろな批評も入ってき始めることにはなります。ですから、そういう目を持つことができるかどうかも、大事なことでしょう。

嫉妬をどのようにかわすかも能力のうち

質問者Ａ　呪いは単純に解決しないということですね。

大川隆法　単純には解決しません。そのために、地獄が続いているわけです。納得していない人が大勢いるということです。

だいたい、七大天使の一人であった人が、地獄に堕ちて億年単位もいるということ自体、なかなか信じられないところもあるでしょう。

日本で言えば、明治維新で、新撰組が大勢の維新の志士たちを斬っていたかもしれないけれども、新撰組が与党化する可能性もあったのです。実際は、追われていた側が政権をつくってしまったわけですが、ただ、別の筋書きもあったであろうとは思います。

負ける側に入った場合は、よいことをしたこともあったのかもしれないけれども、それは、滅びていく場合もありましょう。それはしかたがないことです。

ほかにも、経営トップなどが替わったら、その人の考えで会社は変わります。普通の場合は、会社を変えようと思っているのでトップが替わるわけです。そして、今までとは違う方針になるので、前の社長のときに評価されていた人が、評価されなくなるようなことはよくあることではあります。

あとは、リーダーシップとして、強いリーダーシップで人をグイグイ引っ張っていく人の場合と、調整型の人の場合とで違いがあることもあります。

人に嫉妬されるということは、頭角を現していく場合には必ず出てくることなのですけれども、その嫉妬をどのようにかわしながらやっていくかということも、能力のうちです。嫉妬で簡単に負けてしまうようであったら、それは、それまでの能力ということです。

決定的な実力差がつけば、嫉妬する人が、〝天に唾する状況〟になることもある

大川隆法　人によっては、嫉妬されるほど、もっとやっていき、相手をギャフンと言わせるというような人もいることはいます。

そして、「嫉妬するのが理不尽だ」と周りが思うほど決定的に差がついてしまった場合は、嫉妬する人自身に、〝天に唾するような状況〟が起きてくるということもあります。

質問者Ａ　さらに人心が離れていくということでしょうか。

大川隆法　そうです。ですから、この呪いが相手に痛みを与えたり、病気を起こしたりしているうちは、まだその相手が完全には認められていないという面もあるのでしょうけれども、本当に実力の差がもっともっとはっきりしてきたら、天に唾することになる場合もあるということです。

能力の判定などといっても、それは難しいことで、当然、好き嫌いも入るし、コネも入るし、いろいろなものが入ります。

経営環境や立場により、実力がより厳しく問われる

質問者Ａ　しかし、仕事論が通じない人と競争している場合は、「実力差」と言われても、そもそも、実力ということが分からないわけです。仕事において、「その人がなぜ優秀と言われるのか」ということが、その呪っている本人の基準

と合わないので、周りから「それは実力差なんだよ」と言われても、納得はしないのではないでしょうか。

大川隆法　それは、組織が、身分制社会的な組織、代々身分でもっているようなところであるのか、それとも、実力主義でなければ潰れてしまうような会社、経営環境であるかによっても違いはあるでしょう。

ほかの会社がバタバタ潰れているなかで、コネや生まれなどによってやっていたら潰れてしまうというのであれば、それは、有無を言わさず「実力主義」にして、能力の高い人を引き上げていかなければやっていけません。ところが、秩序が維持できればよいというだけの、誰がやったとしても特に変わらないようなものであれば、「秩序を乱さないようにすること」のほうが善になる場合もあるわけです。それは置かれている立場によるでしょう。

やはり、競争の激しいところほど、そういう厳しい面はあるかもしれません。

質問者Ａ　分かりました。

ありがとうございました。

質問者Ｂ　ありがとうございました。

あとがき

現代的に見れば、ＳＮＳの世界や、週刊誌、テレビ、新聞の世界も、「呪い」に満ちている。

ただ民主主義の逆説で、被害を受ける方(ほう)がいつも少数で、「多数の嫉妬」が「正義」と誤信(ごしん)される。少しでも目立ってきたり、金回りが良くなったり、出世したり、家を新築したりするだけでも、「嫉妬心」は、引きつけ合う水滴のように、大きくまとまってくる。道徳のない時代は、善行も素直に認められることもない。

悲しい時代ではあるが、自己愛が、自己保身となり、他人を傷つける行為へと転化していく。

宗教的正義が必要である。

神仏への信仰心と、利他の願いこそ、人間が、神の子、仏の子である証明である。呪いを受けている方、呪いを発している方ともに、本書で真実の世界を知ってほしい。

二〇二〇年　六月十九日

幸福の科学グループ創始者兼総裁　大川隆法

『「呪い返し」の戦い方』関連書籍

『悪魔の嫌うこと』（大川隆法 著　幸福の科学出版刊）
『生霊論』（同右）
『真のエクソシスト』（同右）
『ザ・ポゼッション』（同右）

「呪い返し」の戦い方
── あなたの身を護る予防法と対処法 ──

2020年 7 月 3 日　初版第 1 刷
2022年 9 月 5 日　　　　第 3 刷

著　者　　大　川　隆　法

発行所　　幸福の科学出版株式会社

〒107-0052 東京都港区赤坂 2 丁目 10 番 8 号
TEL(03)5573-7700
https://www.irhpress.co.jp/

印刷・製本　株式会社 堀内印刷所

落丁・乱丁本はおとりかえいたします

ISBN978-4-8233-0193-3 C0014

大川隆法ベストセラーズ・生霊・悪霊の影響と対処法

呪いについて

「不幸な人生」から抜け出すためには

ネット社会の現代でも「呪い」は飛び交い、不幸や災厄を引き起こす──。背景にある宗教的真実を解き明かし、「呪い」が生まれる原因とその対策を示す。

1,650円

悪魔の嫌うこと

悪魔は現実に存在し、心の隙を狙ってくる！ 悪魔の嫌う3カ条、怨霊の実態、悪魔の正体の見破り方など、目に見えない脅威から身を護るための「悟りの書」。

1,760円

生霊論

運命向上の智慧と秘術

人生に、直接的・間接的に影響を与える生霊──。「さまざまな生霊現象」「影響を受けない対策」「自分がならないための心構え」が分かる必読の一書。

1,760円

真のエクソシスト

身体が重い、抑うつ、悪夢、金縛り、幻聴──。それは悪霊による「憑依」かもしれない。フィクションを超えた最先端のエクソシスト論、ついに公開。

1,760円

※表示価格は税込10％です。

大川隆法ベストセラーズ・霊的パワーの秘密に迫る

観自在力

大宇宙の時空間を超えて

釈尊を超える人類史上最高の「悟り」と「霊能力」を解き明かした比類なき書を新装復刻。宗教と科学の壁を超越し、宇宙時代を拓く鍵が、ここにある。

1,870円

漏尽通力

現代的霊能力の極致

高度な霊能力の諸相について語った貴重な書を、秘蔵の講義を新規収録した上で新装復刻! 神秘性と合理性を融合した「人間完成への道」がここにある。

1,870円

源頼光の霊言

鬼退治・天狗妖怪対策を語る

鬼・天狗・妖怪・妖魔は、姿形を変えて現代にも存在する――。大江山の鬼退治伝説のヒーローが、1000年のときを超えて、邪悪な存在から身を護る極意を伝授。

1,540円

日本を救う陰陽師パワー

公開霊言 安倍晴明・賀茂光栄

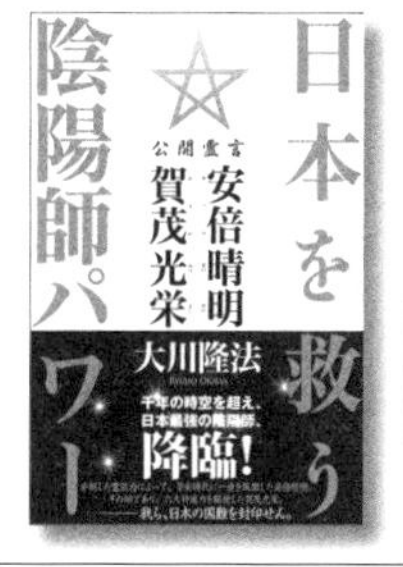

平安時代、この国を護った最強の陰陽師、安倍晴明と賀茂光栄が現代に降臨! あなたに奇蹟の力を呼び起こす。

1,320円

幸福の科学出版

真説・八正道

自己変革のすすめ

「現代的悟りの方法論」の集大成とも言える原著に、仏教的な要点解説を加筆して新装復刻。混迷の時代において、新しい自分に出会い、未来を拓く一冊。

1,870円

信仰と情熱

プロ伝道者の条件

多くの人を救う光となるために──。普遍性と永遠性のある「情熱の書」、仏道修行者として生きていく上で「不可欠のガイドブック」が、ここに待望の復刻。

1,870円

宗教者の条件

「真実」と「誠」を求めつづける生き方

宗教者にとっての成功とは何か──。「心の清らかさ」や「学徳」、「慢心から身を護る術」など、形骸化した宗教界に生命を与える、宗教者必見の一冊。

1,760円

パングルへの変身

6年後の「パンダ学」

大川紫央 著

かわいいパンダのような存在から、救世主を護る強さを持った守護神へ!? 数多くの霊的実体験を通して磨かれ、進化した「宗教家の妻」の悟りがここに。

1,540円

※表示価格は税込10%です。

初期講演集シリーズ

4 人生の再建

苦しみや逆境を乗り越え、幸福な人生を歩むための「心の法則」とは何か──。名講演といわれた「若き日の遺産」が復原された、初期講演集シリーズ第4巻。

5 勝利の宣言

現代の迷妄を打ち破り、永遠の真理をすべての人々へ──。多くの人々を「救世の使命」に目覚めさせ、大伝道への原動力となった、奇跡のシリーズ第5巻。

6 悟りに到る道

全人類救済のために──。「悟りの時代」の到来を告げ、イエス・キリストや仏陀・釈尊を超える「救世の法」が説かれた、初期講演集シリーズ第6巻！

7 許す愛

世界が闇に沈まんとするときにこそ、神仏の正しき教えが説かれる─。「人類が幸福に到る道」と「国家建設の指針」が示された、初期講演集シリーズ最終巻！

※表示価格は税込10％です。

大川隆法ベストセラーズ

初期講演集シリーズ
第1～7弾!

「大川隆法　初期重要講演集ベストセレクション」シリーズ

幸福の科学初期の情熱的な講演を取りまとめた初期講演集シリーズ。幸福の科学の目的と使命を世に問い、伝道の情熱や精神を体現した救世の獅子吼がここに。【各1,980円】

---

1 幸福の科学とは何か

これが若き日のエル・カンターレの獅子吼である──。「人間学」から「宇宙論」まで、幸福の科学の基本的思想が明かされた、初期講演集シリーズ第1巻。

2 人間完成への道

本書は「悟りへの道」の歴史そのものである──。本物の愛、真実の智慧、反省の意味、人生における成功などが分かりやすく説かれた「悟りの入門書」。

3 情熱からの出発

イエスの天上の父が、久遠の仏陀がここにいる──。聖書や仏典を超える言魂が結晶した、後世への最大遺物と言うべき珠玉の講演集。待望のシリーズ第3巻。

初期質疑応答集

4 人間力を高める心の磨き方

人生の意味とは、智慧とは、心とは──。多くの人々の「心の糧」「人生の道標」となった、若き日の質疑応答集。人類の至宝とも言うべきシリーズ第４弾！

5 発展・繁栄を実現する指針

信仰と発展・繁栄は両立する──。「仕事」を通じて人生を輝かせる24のＱ＆Ａ。進化・発展していく現代社会における神仏の心、未来への指針が示される。

6 霊現象・霊障への対処法

悪夢、予知・占い、原因不明の不調・疲れなど、誰もが経験している「霊的現象」の真実を解明した26のQ&A。霊障問題に対処するための基本テキスト。

7 地球・宇宙・霊界の真実

世界はどのように創られたのか？ 宇宙や時間の本質とは？ いまだ現代科学では解明できない「世界と宇宙の神秘」を明かす28のＱ＆Ａ。シリーズ最終巻！

※表示価格は税込10%です。

大川隆法ベストセラーズ

初期
質疑応答
シリーズ
第1〜7弾!

「エル・カンターレ 人生の疑問・悩みに答える」シリーズ

幸福の科学の初期の講演会やセミナー、研修会等での質疑応答を書籍化。一人ひとりを救済する人生論や心の教えを、人生問題のテーマ別に取りまとめたＱＡシリーズ。【各1,760円】

---

1 人生をどう生きるか

幸福の科学の初期の講演会やセミナー、研修会等での質疑応答を初書籍化！ 人生の問題集を解決する縦横無尽な「悟りの言葉」が、あなたの運命を変える。

2 幸せな家庭をつくるために

夫婦関係、妊娠・出産、子育て、家族の調和や相続・供養に関するＱＡ集。人生の節目で出会う家族問題解決のための「スピリチュアルな智慧」が満載！

3 病気・健康問題へのヒント

毎日を明るく積極的、建設的に生きるために――。現代医学では分からない「心と体の関係」を解き明かし、病気の霊的原因と対処法を示した質疑応答集。

幸福の科学グループのご案内

宗教、教育、政治、出版などの活動を通じて、地球的ユートピアの実現を目指しています。

幸福の科学

一九八六年に立宗。信仰の対象は、地球系霊団の最高大霊、主エル・カンターレ。世界百六十五カ国以上の国々に信者を持ち、全人類救済という尊い使命のもと、信者は、「愛」と「悟り」と「ユートピア建設」の教えの実践、伝道に励んでいます。

（二〇二二年八月現在）

愛

幸福の科学の「愛」とは、与える愛です。これは、仏教の慈悲や布施の精神と同じことです。信者は、仏法真理をお伝えすることを通して、多くの方に幸福な人生を送っていただくための活動に励んでいます。

悟り

「悟り」とは、自らが仏の子であることを知るということです。教学や精神統一によって心を磨き、智慧を得て悩みを解決すると共に、天使・菩薩の境地を目指し、より多くの人を救える力を身につけていきます。

ユートピア建設

私たち人間は、地上に理想世界を建設するという尊い使命を持って生まれてきています。社会の悪を押しとどめ、善を推し進めるために、信者はさまざまな活動に積極的に参加しています。

国内外の世界で貧困や災害、心の病で苦しんでいる人々に対しては、現地メンバーや支援団体と連携して、物心両面にわたり、あらゆる手段で手を差し伸べています。

年間約２万人の自殺者を減らすため、全国各地で街頭キャンペーンを展開しています。

公式サイト **www.withyou-hs.net**

自殺防止相談窓口
受付時間　火～土:10～18時（祝日を含む）

TEL **03-5573-7707** メール **withyou-hs@happy-science.org**

ヘレン・ケラーを理想として活動する、ハンディキャップを持つ方とボランティアの会です。視聴覚障害者、肢体不自由な方々に仏法真理を学んでいただくための、さまざまなサポートをしています。

公式サイト **www.helen-hs.net**

入会のご案内

幸福の科学では、大川隆法総裁が説く仏法真理(ぶっぽうしんり)をもとに、「どうすれば幸福になれるのか、また、他の人を幸福にできるのか」を学び、実践しています。

入会

仏法真理を学んでみたい方へ

大川隆法総裁の教えを信じ、学ぼうとする方なら、どなたでも入会できます。入会された方には、『入会版「正心法語(しょうしんほうご)」』が授与されます。

入会ご希望の方はネットからも入会申し込みができます。

happy-science.jp/joinus

三帰(さんき)誓願(せいがん)

信仰をさらに深めたい方へ

仏弟子としてさらに信仰を深めたい方は、仏(ぶっ)・法(ぽう)・僧(そう)の三宝(さんぽう)への帰依を誓う「三帰誓願式」を受けることができます。三帰誓願者には、『仏説・正心法語』『祈願文(きがんもん)①』『祈願文②』『エル・カンターレへの祈り』が授与されます。

幸福の科学 サービスセンター
TEL 03-5793-1727
受付時間／火～金：10～20時　土・日祝：10～18時（月曜を除く）

幸福の科学 公式サイト
happy-science.jp

ハッピー・サイエンス・ユニバーシティ

Happy Science University

ハッピー・サイエンス・ユニバーシティとは

ハッピー・サイエンス・ユニバーシティ（HSU）は、大川隆法総裁が設立された「現代の松下村塾」であり、「日本発の本格私学」です。
建学の精神として「幸福の探究と新文明の創造」を掲げ、
チャレンジ精神にあふれ、新時代を切り拓く人材の輩出を目指します。

人間幸福学部　経営成功学部　未来産業学部

HSU長生キャンパス TEL **0475-32-7770**
〒299-4325　千葉県長生郡長生村一松丙 4427-1

未来創造学部

HSU未来創造・東京キャンパス
TEL **03-3699-7707**
〒136-0076　東京都江東区南砂2-6-5　公式サイト **happy-science.university**

学校法人 幸福の科学学園

学校法人 幸福の科学学園は、幸福の科学の教育理念のもとにつくられた教育機関です。人間にとって最も大切な宗教教育の導入を通じて精神性を高めながら、ユートピア建設に貢献する人材輩出を目指しています。

幸福の科学学園

中学校・高等学校（那須本校）
2010年4月開校・栃木県那須郡（男女共学・全寮制）
TEL **0287-75-7777** 公式サイト **happy-science.ac.jp**

関西中学校・高等学校（関西校）
2013年4月開校・滋賀県大津市（男女共学・寮及び通学）
TEL **077-573-7774** 公式サイト **kansai.happy-science.ac.jp**

仏法真理塾「サクセスNo.1」

全国に本校・拠点・支部校を展開する、幸福の科学による信仰教育の機関です。小学生・中学生・高校生を対象に、信仰教育・徳育にウエイトを置きつつ、将来、社会人として活躍するための学力養成にも力を注いでいます。

TEL 03-5750-0751(東京本校)

エンゼルプランV

東京本校を中心に、全国に支部教室を展開。信仰をもとに幼児の心を豊かに育む情操教育を行い、子どもの個性を伸ばして天使に育てます。

TEL 03-5750-0757(東京本校)

エンゼル精舎

乳幼児が対象の、託児型の宗教教育施設。エル・カンターレ信仰をもとに、「皆、光の子だと信じられる子」を育みます。

(※参拝施設ではありません)

不登校児支援スクール「ネバー・マインド」

TEL 03-5750-1741

心の面からのアプローチを重視して、不登校の子供たちを支援しています。

ユー・アー・エンゼル!(あなたは天使!)運動

障害児の不安や悩みに取り組み、ご両親を励まし、勇気づける、障害児支援のボランティア運動を展開しています。

一般社団法人 ユー・アー・エンゼル

TEL 03-6426-7797

NPO活動支援

学校からのいじめ追放を目指し、さまざまな社会提言をしています。また、各地でのシンポジウムや学校への啓発ポスター掲示等に取り組む一般財団法人「いじめから子供を守ろうネットワーク」を支援しています。

公式サイト mamoro.org ブログ blog.mamoro.org

相談窓口 TEL.03-5544-8989

幸福の科学

百歳まで生きる会～いくつになっても生涯現役～

「百歳まで生きる会」は、生涯現役人生を掲げ、友達づくり、生きがいづくりを通じ、一人ひとりの幸福と、世界のユートピア化のために、全国各地で友達の輪を広げ、地域や社会に幸福を広げていく活動を続けているシニア層(55歳以上)の集まりです。

【サービスセンター】TEL 03-5793-1727

シニア・プラン21

「生涯現役人生」を目指すための「百歳まで生きる会」の養成部門として、活動しています。心を見つめ、新しき人生の再出発、社会貢献を目指しています。

【サービスセンター】TEL 03-5793-1727

幸福実現党

幸福実現党 釈量子サイト
shaku-ryoko.net
Twitter 釈量子@shakuryokoで検索

内憂外患(ないゆうがいかん)の国難に立ち向かうべく、2009年5月に幸福実現党を立党しました。創立者である大川隆法党総裁の精神的指導のもと、宗教だけでは解決できない問題に取り組み、幸福を具体化するための力になっています。

幸福実現党 党員募集中

あなたも幸福を実現する政治に参画しませんか。

＊申込書は、下記、幸福実現党公式サイトでダウンロードできます。
住所：〒107-0052 東京都港区赤坂2-10-8 6階 幸福実現党本部
TEL 03-6441-0754 FAX 03-6441-0764
公式サイト hr-party.jp

HS政経塾

大川隆法総裁によって創設された、「未来の日本を背負う、政界・財界で活躍するエリート養成のための社会人教育機関」です。既成の学問を超えた仏法真理を学ぶ「人生の大学院」として、理想国家建設に貢献する人材を輩出するために、2010年に開塾しました。現在、多数の市議会議員が全国各地で活躍しています。

TEL 03-6277-6029
公式サイト hs-seikei.happy-science.jp

幸福の科学出版

大川隆法総裁の仏法真理の書を中心に、ビジネス、自己啓発、小説など、さまざまなジャンルの書籍・雑誌を出版しています。他にも、映画事業、文学・学術発展のための振興事業、テレビ・ラジオ番組の提供など、幸福の科学文化を広げる事業を行っています。

アー・ユー・ハッピー？
are-you-happy.com

ザ・リバティ
the-liberty.com

幸福の科学出版
TEL **03-5573-7700**
公式サイト **irhpress.co.jp**

ザ・ファクト
マスコミが報道しない
「事実」を世界に伝える
ネット・オピニオン番組

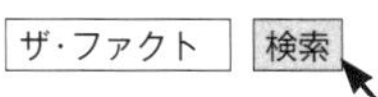

ニュースター・プロダクション

「新時代の美」を創造する芸能プロダクションです。多くの方々に良き感化を与えられるような魅力あふれるタレントを世に送り出すべく、日々、活動しています。 公式サイト **newstarpro.co.jp**

ARI Production

ARI Production（アリ プロダクション）

タレント一人ひとりの個性や魅力を引き出し、「新時代を創造するエンターテインメント」をコンセプトに、世の中に精神的価値のある作品を提供していく芸能プロダクションです。 公式サイト **aripro.co.jp**

大川隆法　講演会のご案内

大川隆法総裁の講演会が全国各地で開催されています。講演のなかでは、毎回、「世界教師」としての立場から、幸福な人生を生きるための心の教えをはじめ、世界各地で起きている宗教対立、紛争、国際政治や経済といった時事問題に対する指針など、日本と世界がさらなる繁栄の未来を実現するための道筋が示されています。

講演会には、どなたでもご参加いただけます。
最新の講演会の開催情報はこちらへ。⟹

大川隆法総裁公式サイト
https://ryuho-okawa.org